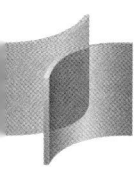

专利复审无效行政诉讼手册

国家知识产权局专利复审委员会　编著

图书在版编目（CIP）数据

专利复审无效行政诉讼手册/国家知识产权局专利复审委员会编著. —北京：知识产权出版社，2017.7

ISBN 978-7-5130-4861-3

Ⅰ.①专… Ⅱ.①国… Ⅲ.①专利—行政诉讼—研究—中国 Ⅳ.①D923.424

中国版本图书馆 CIP 数据核字（2017）第 078394 号

责任编辑：牛洁颖　　　　　　　　责任校对：潘凤越
文字编辑：王　岩　　　　　　　　责任出版：刘译文

专利复审无效行政诉讼手册

国家知识产权局专利复审委员会　编著

出版发行：	知识产权出版社有限责任公司	网　　址：	http：//www.ipph.cn
社　　址：	北京市海淀区气象路 50 号院	邮　　编：	100081
责编电话：	010-82000860 转 8109	责编邮箱：	niujieying@sina.com
发行电话：	010-82000860 转 8101/8102	发行传真：	010-82000893/82005070/82000270
印　　刷：	北京科信印刷有限公司	经　　销：	各大网上书店、新华书店及相关专业书店
开　　本：	720mm×1000mm　1/16	印　　张：	12.5
版　　次：	2017 年 7 月第 1 版	印　　次：	2017 年 7 月第 1 次印刷
字　　数：	180 千字	定　　价：	45.00 元

ISBN 978-7-5130-4861-3

出版权专有　侵权必究
如有印装质量问题，本社负责调换。

编委会

主　编：葛　树

编　委：蒋　彤　高胜华　马文霞　王丽颖
　　　　吴通义　侯　曜　李　熙　李瑛琦
　　　　倪晓红　孙治国

撰稿人：朱明雅　隋　璐　吴风静　王　潇

统稿人：王丽颖　朱明雅　隋　璐　吴风静
　　　　王　潇　侯　曜　倪晓红

序

我国专利制度的发展历程,是一条顺应经济社会发展和民族复兴需求的法律变迁之路,也是一条从被动移植到主动创制的政策发展之路。改革开放以来,经过近40年的发展,我国建立了一套与国际通行规则接轨,同时符合我国国情的专利制度。我国专利制度的核心是专利权保护,专利权保护的基础是专利的授权和确权,在授权和确权的审批过程中,专利行政诉讼是当事人主张合法权利的最后一个环节,肩负着保护当事人的合法权益、解决行政争议的重任。

从1989年第一例专利行政诉讼案件立案至今,专利授权确权行政诉讼案件已经审结近万件。国家知识产权局专利复审委员会一贯秉承专业、客观、高度负责的态度参与诉讼,切实履行着应诉职责。在诉讼过程中,专利复审委员会委派作出决定的主审员和具有法律背景的诉讼代理人出庭应诉,有利于人民法院准确理解发明创造内容和查明案件事实。专利复审委员会具备相对中立的诉讼地位,通过在具体案件中客观阐释审查尺度和确权标准,促进行政程序和司法程序的良好衔接。

当前,党中央、国务院高度重视知识产权工作,明确提出了加快建设知识产权强国的重要目标。随着知识产权强国建设的持续推进和国家知识产权战略的深入实施,全社会创新意识、专利保护意识不断增强,专利申请数量、授权数量持续增长,专利行政诉讼案件的数量逐年增长。此外,随着行政诉讼法、专利法等相关法律法规的陆续修订，行政、司法新举措的陆续实施，专利行政诉讼也有了新的变化和发展。这些都对专利复审委员会的应诉工作提出了更高的要求。

为了适应专利工作的新要求，更好地完成专利复审无效案件的应诉工作，国家知识产权局专利复审委员会组织编撰了《专利复审无效行政诉讼手册》。该手册以"客观公正、辩法析理"为指导思想，秉承尊重事实、敬畏法律的工作态度，力图通过阐明诉讼工作的各个环节，进一步规范工作流程、明确工作标准，指导诉讼代理人把握好诉讼程序，以更高的质量完成案件答辩和庭审陈述，促进专利行政诉讼案件的审判更加客观、公正和高效。相信本书的出版，亦将有利于推进依法行政、加快法治政府建设。

是为序。

2017 年 4 月 15 日

编写说明

自1984年《中华人民共和国专利法》实施以来，随着复审无效行政诉讼案件数量的逐年增长，专利复审委员会针对行政应诉工作陆续制定了一些规定，出台了一些规范性文件，并在实践中形成了一套成熟可行的应诉程序。为了更好地规范审查员的行政应诉工作，专利复审委员会于2007年编制了《行政诉讼程序规范》。

然而，随着《专利法实施细则》和《专利审查指南》《中华人民共和国民事诉讼法》《中华人民共和国行政诉讼法》的陆续修订修改，以及专利电子审批系统的上线和知识产权法院的成立，专利行政诉讼流程发生了许多变化，原有的手册已经无法满足审查员的实际工作需求。因此，本书编委会在上一版《行政诉讼程序规范》的基础上，面对工作中的新变化，针对审查员在诉讼工作中的重点、难点和新问题，在总结专利复审委员会行政诉讼处多年集体工作经验的基础上，补充扩展了新的内容，编制了新的《专利复审无效行政诉讼手册》。

本书的结构为：第一章对专利复审无效行政诉讼进行了概述，包括专利复审无效行政诉讼程序的启动、人民法院对专利复审无效行政诉讼案件的审理、专利复审委员会的应诉工作及对生效判决/裁定的执行；第二章至第四章分别对第一审程序、第二审程序及审判监督程序进行了详细完整的说明；第五章为诉讼工作的其他事宜；最后附录了常用的法律法规及司法解释。

本书的撰写思路为：按照诉讼程序进行的顺序，结合工作中涉及的表单、文件，具体阐明了专利复审委员会的诉讼代理人在每个环节中的职责，并着重说明了各种情况下的注意事项。因此，本手册既可以用于规范专利复审委员会的应诉工作，也可以作为新任审查员的培训教材，还可以作为审查员参加应诉工作的工具书。

在成书过程中，国家知识产权局条法司和专利局审查业务管理部、最高人民法院知识产权审判庭、北京市高级人民法院知识产权庭及北京知识产权法院都提供了宝贵的意见和建议，在此一并表示感谢。

专利复审委员会本书编委会

目 录

第一章 专利复审无效行政诉讼概述 ……………………… 1
第一节 专利复审无效行政诉讼的概念 …………………… 3
第二节 专利复审无效行政诉讼的启动 …………………… 4
一、第一审程序的启动 ……………………………………… 4
二、第二审程序的启动 ……………………………………… 5
三、审判监督程序的启动 …………………………………… 5
第三节 人民法院对专利复审无效行政诉讼案件的审理 ……… 7
一、专利复审无效行政诉讼案件的司法管辖 ……………… 7
二、人民法院对专利复审无效行政诉讼案件的合法性审查 …… 7
第四节 专利复审委员会的应诉工作 ……………………… 8
第五节 生效判决/裁定的执行 …………………………… 9
第六节 专利复审无效行政诉讼程序 ……………………… 10
一、行政诉讼程序简述 ……………………………………… 10
二、行政诉讼程序一览图 …………………………………… 12

第二章 第一审案件的应诉 ………………………………… 13
第一节 第一审案件的建档 ………………………………… 15
一、第一审案件的签收 ……………………………………… 15
二、第一审案件的建档立卷 ………………………………… 16
三、第一审案件的分配 ……………………………………… 17
第二节 第一审案件的答辩 ………………………………… 19
一、答辩状的撰写 …………………………………………… 20
二、证据材料的准备 ………………………………………… 25
三、答辩材料的提交 ………………………………………… 28

四、诉讼工作记录卡的建立 ……………………………………… 29
　第三节　第一审案件的出庭 ………………………………………… 31
　　一、出庭前的准备 ………………………………………………… 31
　　二、参加庭审 ……………………………………………………… 32
　　三、出庭后续事宜 ………………………………………………… 37
　第四节　收到第一审判决/裁定后的处理………………………………… 38
　　一、第一审胜诉案件的处理 ……………………………………… 38
　　二、第一审败诉案件的处理 ……………………………………… 40
　第五节　第一审案件应诉工作流程图 ……………………………… 43

第三章　第二审案件的应诉 …………………………………………… 45

　第一节　第二审案件的建档 ………………………………………… 47
　　一、第二审案件的建档立卷 ……………………………………… 47
　　二、第二审案件的分配 …………………………………………… 47
　第二节　上诉和答辩 ………………………………………………… 48
　　一、上诉状和答辩状的撰写 ……………………………………… 48
　　二、证据材料的准备 ……………………………………………… 50
　　三、上诉和答辩材料的提交 ……………………………………… 51
　第三节　第二审案件的出庭 ………………………………………… 51
　　一、作为上诉人出庭 ……………………………………………… 51
　　二、作为被上诉人出庭 …………………………………………… 51
　第四节　收到第二审判决/裁定后的处理……………………………… 52
　　一、第二审胜诉案件的处理 ……………………………………… 52
　　二、第二审败诉案件的处理 ……………………………………… 52
　第五节　第二审案件应诉工作流程图 ……………………………… 54

第四章　审判监督程序案件的应诉 …………………………………… 55

　第一节　再审申请审查阶段 ………………………………………… 57
　　一、再审申请审查案件的建档立卷 ……………………………… 58
　　二、再审申请审查案件的分配 …………………………………… 58
　　三、再审申请书和书面意见的准备与提交 ……………………… 59
　　四、出庭 …………………………………………………………… 62
　　五、收到裁定后的处理 …………………………………………… 62

第二节　再审审理阶段 ································ 63
　　一、再审审理案件的建档立卷 ······················ 63
　　二、再审审理案件的分配 ··························· 63
　　三、出庭 ··· 63
　　四、再审判决的执行 ································ 64
第三节　再审案件工作流程图 ························ 65

第五章　诉讼程序中的其他事宜 ····················· 67
第一节　庭审应诉的其他事宜 ························ 69
　　一、诉讼用车的安排 ································ 69
　　二、赴法院开庭的注意事项 ························ 69
　　三、诉讼费用的缴纳 ································ 70
第二节　档案管理的其他事宜 ························ 70
　　一、行政诉讼用章的使用管理 ······················ 70
　　二、法院文书的签收和归档 ························ 70
　　三、行政诉讼纸质案卷的管理 ······················ 71

附件　常用法律法规及司法解释 ····················· 73
　　附件一　《中华人民共和国专利法》（2008年修正） ········ 75
　　附件二　《中华人民共和国专利法实施细则》
　　　　　　（2010年修订） ··························· 89
　　附件三　《中华人民共和国行政诉讼法》
　　　　　　（2014年修正） ··························· 121
　　附件四　《最高人民法院关于审理专利纠纷案件适用
　　　　　　法律问题的若干规定》（2015年修正） ············ 139
　　附件五　《最高人民法院关于适用〈中华人民共和国
　　　　　　行政诉讼法〉若干问题的解释》 ············· 145
　　附件六　《最高人民法院关于执行〈中华人民共和国
　　　　　　行政诉讼法〉若干问题的解释》 ············· 151
　　附件七　《最高人民法院关于行政诉讼证据若干
　　　　　　问题的规定》 ····························· 171
　　附件八　《最高人民法院关于适用〈关于民事诉讼证据的
　　　　　　若干规定〉中有关举证时限规定的通知》 ········ 186

第一章
专利复审无效行政诉讼概述

第一章 专利复审无效行政诉讼概述

本章主要介绍专利复审无效行政诉讼的概念，并简要描述专利复审无效行政诉讼案件程序的启动、人民法院对专利复审无效行政诉讼案件的审理以及专利复审委员会出庭应诉的流程。

第一节 专利复审无效行政诉讼的概念

行政诉讼，是指公民、法人或者其他组织认为行政机关和行政机关工作人员的行政行为侵犯其合法权益，依照法律规定向人民法院提起的诉讼。

在我国，作出专利行政行为的行政机关主要有国务院专利行政部门、专利复审委员会、管理专利工作的部门以及海关知识产权执法机构等。因此，我国的专利行政诉讼是指专利权人、专利申请人和其他利害关系人，认为国务院专利行政部门、专利复审委员会、管理专利工作的部门以及海关知识产权执法机构等行政机关作出的具体行政行为侵犯了其合法利益，依法请求人民法院予以裁判的活动。

专利复审无效行政诉讼，是指当事人不服专利复审委员会作出的复审请求审查决定、无效宣告请求审查决定以及与之相关的其他具体行政行为而提起的行政诉讼。除专利复审无效行政诉讼外，专利行政诉讼还包括：当事人不服国家知识产权局作出的实施强制许可决定、实施强制许可使用费裁决或行政复议决定而提起的行政诉讼；当事人不服管理专利工作的部门作出的责令停止侵权行为的处理通知等具体行政行为而提起的行政诉讼；当事人不服海关对于在进出口环节发生的侵权案件的调查、处理工作而提起的行政诉讼。

第二节　专利复审无效行政诉讼的启动

一、第一审程序的启动

根据《中华人民共和国行政诉讼法》（以下简称《行政诉讼法》）第二十五条规定，行政行为的相对人以及其他与行政行为有利害关系的公民、法人或者其他组织，有权提起诉讼。专利复审无效行政诉讼的第一审程序由专利复审无效行政案件的行政相对人启动，即由复审请求程序中的复审请求人、无效宣告请求程序中的无效宣告请求人、专利权人提起诉讼；此外，对于专利复审无效行政案件的利害关系人，例如，无效案件中专利权的受让人或复审案件中专利申请权的受让人也享有诉权，可以启动专利复审无效行政诉讼。然而，专利复审委员会在任何情形下都不能自行启动专利复审无效行政诉讼第一审程序。

关于启动第一审程序的期限：根据《中华人民共和国专利法》（以下简称《专利法》）第四十一条、第四十六条，《中华人民共和国专利法实施细则》（以下简称《专利法实施细则》）第六十条、第六十三条、第六十六条以及第七十条的规定，对专利复审委员会作出的复审决定、宣告专利权无效或者维持专利权的决定，以及对复审请求、无效宣告请求不予受理、视为未提出、视为撤回的通知不服的，均可以自收到通知之日起三个月内向人民法院起诉。

关于第一审程序中各方当事人的诉讼地位：提起诉讼的当事人作为原告、专利复审委员会作为被告参加诉讼；在无效行政诉讼程序中，人民法院还应当通知无效宣告请求程序的对方当事人作为第三人参加诉讼。

二、第二审程序的启动

专利复审无效行政诉讼第一审程序中的所有当事人,包括原告、被告以及第三人,都可依法提起上诉启动第二审程序。

关于启动第二审程序的期限:[1] 根据《行政诉讼法》第八十五条规定,当事人不服人民法院第一审判决的,有权在判决书送达之日起十五日内向上一级人民法院提起上诉。当事人不服人民法院第一审裁定的,有权在裁定书送达之日起十日内向上一级人民法院提起上诉。根据《行政诉讼法》第二十九条第二款的规定,人民法院判决第三人承担义务或者减损第三人权益的,第三人有权依法提起上诉。

根据《中华人民共和国民事诉讼法》(以下简称《民事诉讼法》)第四编"涉外民事诉讼程序的特别规定"第二百六十九条的规定,在中华人民共和国领域内没有住所的当事人,不服第一审人民法院判决、裁定的,有权在判决书、裁定书送达之日起三十日内提起上诉。据此,对于在中华人民共和国领域内没有住所的外国人来说,上诉期限为三十日。

三、审判监督程序的启动

从现行法律规定和司法实践来看,我国的审判监督程序的启动主要包括以下几种情形。

(一)当事人申请再审

根据《最高人民法院关于适用〈中华人民共和国行政诉讼法〉若干问题的解释》第二十四条规定,专利复审无效行政诉讼案件的各方当事人对已经发生法律效力的判决、裁定,认为确有错误的,可以在判决、裁定发生法律效力后六个月内向上一级人民法院申请再

---

[1] 根据《行政诉讼法》第一百零一条规定,人民法院审理行政案件,关于期间、送达、财产保全、开庭审理、调解、中止诉讼、终结诉讼、简易程序、执行等,以及人民检察院对行政案件受理、审理、裁判、执行的监督,本法没有规定的,适用《中华人民共和国民事诉讼法》的相关规定。

审,当事人申请再审期间,原判决、裁定不停止执行。当事人的申请属于原判决、裁定适用法律、法规确有错误等情形时,人民法院应当再审。再审审理期间,原判决、裁定中止执行。

(二) 人民法院内部的审判监督

根据《行政诉讼法》第九十二条规定,各级人民法院院长对本院已经发生法律效力的判决、裁定,发现有本法第九十一条规定情形之一,或者发现调解违反自愿原则或者调解书内容违法,认为需要再审的,应当提交审判委员会讨论决定。最高人民法院对地方各级人民法院已经发生法律效力的判决、裁定,上级人民法院对下级人民法院已经发生法律效力的判决、裁定,发现有本法第九十一条规定情形之一,或者发现调解违反自愿原则或者调解书内容违法的,有权提审或者指令下级人民法院再审。

对于专利复审无效行政诉讼案件,北京知识产权法院、北京市高级人民法院的院长对本院已经发生法律效力的判决、裁定,以及最高人民法院对北京知识产权法院或北京市高级人民法院已经发生法律效力的判决、裁定,北京市高级人民法院对北京知识产权法院已经发生法律效力的判决、裁定均有权启动再审程序。

(三) 人民检察院抗诉

根据《行政诉讼法》第九十三条规定,最高人民检察院对各级人民法院已经发生法律效力的判决、裁定,上级人民检察院对下级人民法院已经发生法律效力的判决、裁定,发现有本法第九十一条规定情形之一,应当提出抗诉。地方各级人民检察院对同级人民法院已经发生法律效力的判决、裁定,发现有本法第九十一条规定情形之一,可以向同级人民法院提出检察建议,并报上级人民检察院备案;也可以提请上级人民检察院向同级人民法院提出抗诉。各级人民检察院对审判监督程序以外的其他审判程序中审判人员的违法行为,有权向同级人民法院提出检察建议。

对于专利复审无效行政诉讼案件,最高人民检察院、北京市检察院均可以通过抗诉启动再审程序。

第三节 人民法院对专利复审无效行政诉讼案件的审理

一、专利复审无效行政诉讼案件的司法管辖

管辖制度解决的是各级、各地法院的分工问题。

2014年8月31日起,我国在北京、上海、广州设立知识产权法院。根据《最高人民法院关于北京、上海、广州知识产权法院案件管辖的规定》,对于国务院部门作出的有关专利的确权、授权裁定或者决定、集成电路布图设计以及涉及知识产权授权确权的其他行政行为不服的第一审行政案件,由北京知识产权法院管辖,即专利复审无效第一审案件由北京知识产权法院管辖。

根据该规定,当事人对知识产权法院作出的第一审判决、裁定提起的上诉案件,由知识产权法院所在地的高级人民法院知识产权审判庭审理,即专利复审无效行政诉讼二审案件由北京市高级人民法院知识产权庭审理。

专利复审无效行政诉讼案件两审终审。

二、人民法院对专利复审无效行政诉讼案件的合法性审查

根据《行政诉讼法》第六条规定,人民法院审理行政案件,对行政行为是否合法进行审查。

根据《行政诉讼法》第六十九条、第七十条规定,行政行为证据确凿,适用法律、法规正确,符合法定程序的,人民法院判决驳回原告的诉讼请求;行政行为有主要证据不足、适用法律法规错误、违反法定程序、超越职权、滥用职权、明显不当情形的,人民法院判决撤销或者部分撤销,并可以判决被告重新作出行政行为。

依据上述法律规定，人民法院只对专利复审委员会作出的复审决定或无效决定所依据的证据是否确凿、适用法律法规是否正确、是否违反法定程序等进行审查，进而作出驳回原告诉讼请求、驳回上诉或对行政行为撤销或者部分撤销的裁判，即在专利复审无效行政诉讼中，人民法院不对专利权是否有效或专利申请是否应该授权进行裁判。

人民法院审理专利复审无效行政案件，以法律和行政法规为依据，参照规章。

人民法院审理专利复审无效行政案件由审判员组成合议庭，或者由审判员、陪审员组成合议庭。合议庭的成员，应当是三人以上的单数。

第四节　专利复审委员会的应诉工作

专利复审委员会的应诉工作主要由行政诉讼处、立案流程处和各申诉处共同承担，应诉工作的主要内容包括：开庭前诉讼材料的准备、出庭应诉、开庭后处理、收到裁判后报批结案以及执行生效裁判等。

根据《行政诉讼法》第六十七条规定，人民法院应当在立案之日起五日内，将起诉状副本发送被告。被告应当在收到起诉状副本之日起十五日内向人民法院提交作出行政行为的证据和所依据的规范性文件，并提交答辩状。行政诉讼处在签收上述人民法院发送的起诉状等诉讼材料后与立案及流程管理处共同完成建档立案。

申诉处和行政诉讼处分别指派一名审查员作为诉讼代理人。申诉处指派作出复审无效决定的主审员担任第一诉讼代理人，行政诉讼处指派相关领域的审查员担任第二诉讼代理人，第一诉讼代理人和第二诉讼代理人分工协作、相互配合，共同完成专利复审无效行政诉讼的应诉工作。第一诉讼代理人负责对被诉决定中证据的使用、技术事实的认定及法律适用标准予以说明，具体包括：庭前阶段起草答辩状和证据清单等诉讼材料,与第二诉讼代理人针对起诉理由进行庭前合议,出庭阶段对作出决定所依据的事实及法律问题进行答辩等;第二诉讼代理人除协同第一诉讼代理人完成上述工作以外,还负责诉讼过程中涉及证据的相关问题、法律适用等常见争议焦点问题的准备工作及其他事务性准备工作,具体包括答辩状和证据清单等诉讼材料的审核及定稿、证据材料的准备及提交,庭审中协同第一诉讼代理人完成庭审调查及辩论,以及庭审其他阶段的答辩工作,并在收到裁判后,负责诉讼案件的报批、结案处理、统计分析及归档等工作。

第五节 生效判决/裁定的执行

对于行政诉讼案件,人民法院经过开庭审理后,对争议双方的实体权利义务问题作出行政判决书,或对程序性的事项作出行政裁定书。

对于专利复审无效行政诉讼案件,根据《行政诉讼法》第六十九条和第七十条规定,人民法院可以作出判决驳回原告的诉讼请求或判决撤销或者部分撤销,并可以判决被告重新作出行政行为的裁判。人民法院审理上诉案件,可以作出维持原判、依法改判、发回重审的裁判。

根据《行政诉讼法》第八十五条规定,当事人逾期不提起上诉的,人民法院的第一审判决或者裁定发生法律效力;《民事诉讼法》第一百七十五条规定,第二审人民法院的判决、裁定,是终审的判决、裁定。因此第二审裁判一经作出立即生效。

专利复审委员会依法严格执行人民法院的生效判决或裁定。人民法院生效判决撤销专利复审委员会作出的复审无效请求审查决定并要求其重新作出复审无效请求审查决定的,专利复审委员会应当重新审查并作出决定,并不得以同一事实和理由作出与原复审无效审查决定基本相同的审查决定。立案及流程管理处重新生成案件编号后案件转至相应申诉处,相应申诉处负责人应监督人民法院判决的执行情况。

第六节 专利复审无效行政诉讼程序

一、行政诉讼程序简述

(一) 第一审诉讼程序

专利复审委员会参与的第一审诉讼程序是指一审法院即北京知识产权法院对专利复审无效行政诉讼进行审理的程序。

北京知识产权法院负责专利行政诉讼案件的第一审案件审理。对于不符合受理条件的专利行政案件，北京知识产权法院依法裁定不予受理。对于符合受理条件的专利复审无效行政案件，北京知识产权法院受理并立案，同时将受理材料转送专利复审委员会通知专利复审委员会参与专利行政诉讼。

专利复审委员会在第一审诉讼程序中以被告身份参与专利行政诉讼。

专利复审委员会收到应诉材料后即进入第一审诉讼程序。在此阶段，专利复审委员会的主要工作包括开庭前的准备、出庭应诉、庭后处理以及收到判决/裁定后处理等。

当事人收到行政判决书/行政裁定书，在法定期限内如均不上诉，专利复审无效行政诉讼程序结束，若当事人任何一方上诉，则进入第二审诉讼程序。

(二) 第二审诉讼程序

专利复审委员会参与的第二审专利复审无效行政诉讼程序，是指审理专利复审无效的第二审法院（即北京市高级人民法院）对专利复审无效行政诉讼进行审理的程序。

专利复审委员会在其提起上诉的第二审诉讼程序中以上诉人身份参与专利复审无效行政诉讼；在其他当事人提起上诉的第二审诉讼程序中以被上诉人身份参与专利复审无效行政诉讼。

在专利复审委员会以上诉人身份参与的第二审诉讼程序中，专利复审委员会在上诉期限内向法院提交上诉状、证据清单和证据材料以启动第二审诉讼程序。

在专利复审委员会以被上诉人身份参与的第二审诉讼程序中，北京市高级人民法院受理上诉申请并立案后，将上诉受理材料发送专利复审委员会并通知专利复审委员会参与专利行政诉讼。专利复审委员会收到应诉材料后即进入第二审诉讼程序。专利复审委员会在此阶段的主要工作与第一审程序中的工作基本相同。

北京市高级人民法院经开庭审理或者书面审理后作出二审行政判决书或者行政裁定书。

（三）专利复审无效审判监督程序

审判监督程序是一个相对独立的程序，如当事人不服二审判决或者裁定，可以向最高人民法院提出再审申请。最高人民法院受理再审申请并立案后，将再审申请受理材料发送专利复审委员会并可以通知专利复审委员会参与再审申请阶段的听证审查。人民检察院亦可依法提起抗诉。

最高人民法院经过审查认为不存在需要再审情形的，将作出裁定驳回再审申请；最高人民法院经过审查认为存在需要再审情形的，可裁定提审或裁定指令再审，并将相应材料发送专利复审委员会，通知专利复审委员会参与再审审查程序。

二、行政诉讼程序一览图

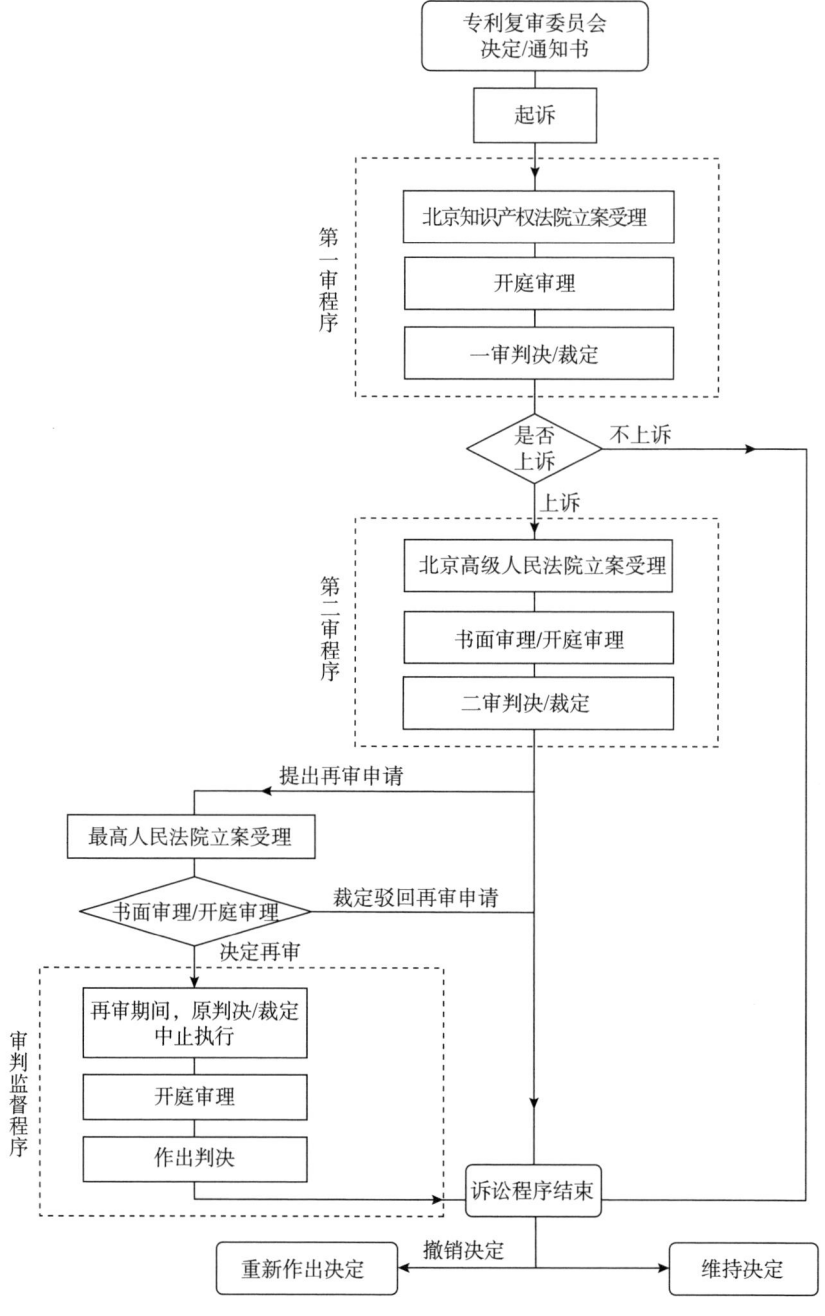

图1-1　专利复审委员会行政诉讼程序一览图

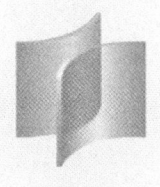

第二章

第一审案件的应诉

第二章　第一审案件的应诉

第一节　第一审案件的建档

北京知识产权法院受理第一审专利行政诉讼案件后,将向专利复审委员会邮寄送达行政案件应诉通知书、行政案件举证事项告知书、行政起诉状副本等诉讼材料;专利复审委员会接到上述诉讼材料后即开始进行第一审案件的建档。

第一审案件的建档工作主要由行政诉讼处和立案及流程管理处共同完成。行政诉讼处负责接收诉讼材料并登记签收日,以及制作纸质诉讼案卷;立案及流程管理处负责在E系统中采集文件并生成诉讼案件编号。

一、第一审案件的签收

(一) 诉讼文书的签收与登记

行政起诉状、送达回证、开庭传票等诉讼材料均由行政诉讼处指定人员负责签收并登记,专利复审委员会其他工作人员一律不得签收。

人民法院以机要交换方式送达的各类法律文书,统一由行政诉讼处指定人员负责签收登记;人民法院以司法文书专递或者邮寄等方式送达给审查员或者诉讼代理人的司法专递或邮件,应及时转送行政诉讼处,由行政诉讼处指定的人员负责签收。诉讼材料签收登记后,需要由立案及流程管理处负责处理的文件,及时转送立案及流程管理处;需要由诉讼代理人负责处理的文件,及时转送相应的诉讼代理人。

(二) 第一审法院案件的编号

专利复审无效行政诉讼第一审的审理法院是北京知识产权法院。

2016年1月1日以前其案件编号为：(20××)京(知)行初字第××号；2016年1月1日后则为：(20××)京73行初×××号。

(三) 行政诉讼案件的编号

行政诉讼案件设置有委内编号，由复审和无效案件编号加审级代码（A/B/C）加两位数字（××）组成。

签收诉讼案件材料后，行政诉讼处应将相关诉讼材料转送给立案及流程管理处，由立案及流程管理处负责采集案件信息并按照以下方式生成专利复审委员会的诉讼案件的编号。

诉讼案件的委内编号参见表2-1。

表2-1 行政诉讼案件的委内编号

案件类型		案件编号		
		一审	二审	再审
复审	发明	1F×××××A××	1F×××××B××	1F×××××C××
	实用新型	2F×××××A××	2F×××××B××	2F×××××C××
	外观设计	3F×××××A××	3F×××××B××	3F×××××C××
无效	发明	4W×××××A××	4W×××××B××	4W×××××C××
	实用新型	5W×××××A××	5W×××××B××	5W×××××C××
	外观设计	6W×××××A××	6W×××××B××	6W×××××C××

二、第一审案件的建档立卷

立案及流程管理处采集诉讼信息并生成诉讼案件编号后，即在E系统中生成诉讼案件；行政诉讼处负责办理案件信息的登记，填写诉讼工作档案表，并建立诉讼工作档案和纸质卷宗。

诉讼工作档案表的格式参见表2-2。

表 2-2　诉讼工作档案表

专利复审委员会行政诉讼一审工作档案表				
序号		诉讼案件编号		
申请号		复审（无效）案件编号		
立案日		决定号		
专利名称				
专利申请（专利权）人				
无效请求人				
原告身份		□专利申请人　□专利权人　□无效请求人		
应诉通知送达日		受案法院		
案件所属处		合议组组长	主审员	参审员
诉讼代理人	所在处室	办公室	电话	
判决号				
判决结果		一审判决送达日		
是否上诉	□是　□否	结案日		
备注				

在这一阶段，行政诉讼案卷的卷宗应当包含以下材料：诉讼工作档案表、行政案件应诉通知书、行政案件举证事项告知书、行政起诉状、原告提交的证据材料以及法院送达文书的送达回证等。

三、第一审案件的分配

E 系统中生成新的诉讼案件后，则需要将案件分配给具体负责应诉工作的两位诉讼代理人。

（一）诉讼代理人的指派

专利行政诉讼案件，应当指派两名诉讼代理人，分别称为第一诉讼代理人和第二诉讼代理人。

案件所属处室指派第一诉讼代理人。诉讼案件立案后，行政诉讼处书记员将诉讼代理人指派书移送至该复审/无效案件所属处室，由该处室负责人指派案件主审员为第一诉讼代理人，填写诉讼代理人指派书的相应部分，并在 E 系统中进行指派操作。

行政诉讼处负责人根据案件所属领域,指派行政诉讼处的相关人员担任第二诉讼代理人,并填写诉讼代理人指派书的相应部分,同时在 E 系统中进行指派。完成指派后,诉讼案件的纸质卷宗也应及时交由第二诉讼代理人管理。

诉讼代理人指派书的格式参见表 2-3。

表 2-3　诉讼代理人指派书

诉讼代理人指派书			
立案号		决定号	
案件所属处室		作出审查决定的合议组是否指派诉讼代理人	□是　　□否
□　是否为重大案件(本栏内容由案件所属处负责人填写) 1. 成立五人合议组的案件;2. 法院提审的案件;3. 国内、外有重大影响的案件; 4. 涉及重大疑难法律问题的案件;5. 涉及重大经济利益的案件;6. 其他。			
第一诉讼代理人姓名		案件所属处负责人签名及日期	
第二诉讼代理人姓名		行政诉讼处负责人签名及日期	
备注	1. 请第一诉讼代理人于_____月_____日前将涉案决定、答辩意见及证据清单的电子文本交第二诉讼代理人。 2. _____月_____日之前提交答辩状及其证据材料。 3. _____月_____日_____午_____时到法院证据交换。 4. _____月_____日_____午_____时开庭。 (备注中的内容由行政诉讼处负责人填写)		

第一诉讼代理人和第二诉讼代理人指派完成后,被指派的代理人即可在 E 系统中"行政诉讼任务"—"新分配案件"中看到该诉讼案件的当事人提交全部文件的扫描信息(如图 2-1 所示)。诉讼代理人可根据该信息进行答辩。

除了由相应审查员担任诉讼代理人的常规情形之外,专利复审委员会还有多名具备公职律师资格的审查员,并设有首席诉讼代理人。公职律师是根据《全国知识产权局系统公职律师试点工作方案》的规定和要求,经司法部审核批准任职的、专职办理知识产权法律事务的人员。首席诉讼代理人是经专利复审委员会评选确定的,具备高水平的审查和行政应诉能力的资深审查员,他们在诉讼工作中发挥示范、支撑和引领作用,可以充分发挥专家优势,提高整体应诉能力。因此,对于本领域重大案件、五人合议组案件、败诉重审案件以及其他重大案件,可以优先考虑由公职律师或者首席诉讼代理人承担相应的应诉工作。

图 2-1 诉讼案件当事人提交文件的扫描信息

（二）诉讼代理人的变更

诉讼过程中,除非必要,一般不变更第一诉讼代理人。如需变更,由案件所属处负责人审批后另行指派案件合议组其他成员,并及时通知行政诉讼处第二诉讼代理人,以便制作变更后的授权委托书。

如遇多个出庭冲突等情形需要变更第二诉讼代理人的,由行政诉讼处负责人根据案件所属领域重新指派,并在 E 系统中及时变更。原第二诉讼代理人应及时将纸质卷宗转交给变更后的代理人,并交接案情要点。变更后的第二诉讼代理人亦应及时联系第一诉讼代理人,并就案情进行沟通,并及时联系法院书记员告知代理人变更情况。

开庭前变更诉讼代理人的,应当制作变更后的授权委托书,并向法院提交,同时撤回变更前的授权委托书。

第二节 第一审案件的答辩

在接受第一审案件的分配后,诉讼代理人即进入应诉答辩阶段。在此阶段第一诉讼代理人、第二诉讼代理人分工如下：第一诉讼代理人阅卷后,负责起草答辩状,列出证据清单,并在指定日期前在 E 系统中完成并发送第二诉讼代理人。第二诉讼代理人阅卷后,分析原告的诉讼请求,审阅答辩状、证据清单,与第一诉讼代理人商议后进行修改和完善后确定提交给法院的诉讼材料。

第一诉讼代理人和第二诉讼代理人处理答辩案件的时间期限为:第一诉讼代理人应当在前述《诉讼代理人指派书》中的指定日期前,在 E 系统中完成答辩状及证据清单的撰写,并在 E 系统中将其发送给第二诉讼代理人,如果证据涉及非专利文献,应将相应证据的电子件通过内网邮件或者 RTX 发送给第二诉讼代理人,并告知获取途径、留存原件;第二诉讼代理人经确认后,应当在 E 系统中电子打印提交诉讼材料,还应当在答辩期限届满前完成答辩状和证据的纸件准备工作,并以机要交换或者其他方式将诉讼材料发送给人民法院。完成答辩工作后,第二诉讼代理人应当准备一份答辩材料副本,归入诉讼案卷留存。

一、答辩状的撰写

答辩状的撰写是应诉答辩阶段的工作重点,下文将具体阐述答辩状撰写的要求和注意事项。

(一)答辩前的沟通

在收到法院转送的诉讼材料以及确定第一诉讼代理人、第二诉讼代理人之后,第一诉讼代理人、第二诉讼代理人应当及时沟通商讨诉讼文书的撰写和证据材料的准备事宜,视情况可采用合议或者电话讨论方式。

(二)在 E 系统中新建答辩状

第一诉讼代理人在 E 系统中进入"行政诉讼"—"行政诉讼任务"—"答辩材料",选择"新建数据包",此时在第一诉讼代理人名下即出现内容(参见图 2-2),选择"增加",在诉讼文件列表中选择"行政答辩状(一审)"(参见图 2-3),则自动生成一审答辩状的基本模版。

第二章 第一审案件的应诉

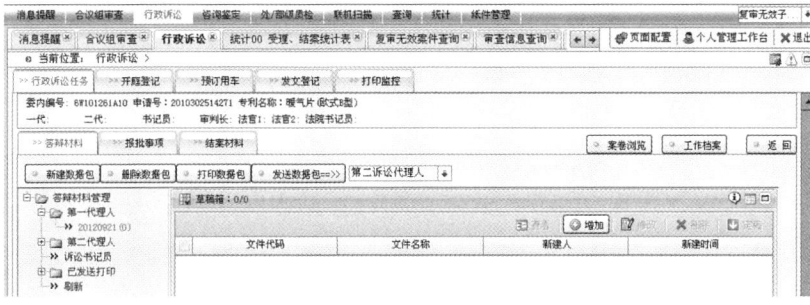

图 2-2 E 系统新建数据包

图 2-3 诉讼文件列表

一审行政答辩状模版参见表 2-4。

表 2-4 一审行政答辩状模板

行政答辩状
答辩人：国家知识产权局专利复审委员会
住所地：北京市海淀区北四环西路 9 号银谷大厦
法定代表人：××× 国家知识产权局专利复审委员会副主任
诉讼代理人：××× 国家知识产权局专利复审委员会审查员

续表

诉讼代理人：×××　国家知识产权局专利复审委员会审查员 　　鉴于原告×××不服国家知识产权局专利复审委员会×××作出的第×××号×××无效（复审）请求审查决定，已向北京知识产权法院提起专利行政诉讼，专利复审委员会收到北京知识产权法院关于（20××）京73行初××××号的应诉通知书以及转送的原告起诉状副本后，仔细查阅了卷宗，现将专利复审委员会答辩意见陈述如下： 　　1. 　　2. 　　…… 　　综上所述，专利复审委员会对第×××号无效宣告（复审）请求案作出的第×××号决定认定事实清楚、适用法律法规正确、审理程序合法，审查结论正确，原告的诉讼理由不能成立，请贵院驳回原告诉讼请求。 　　此致 北京知识产权法院 　　　　　　　　　　　　　　　　　　答辩人：国家知识产权局专利复审委员会 　　　　　　　　　　　　　　　　　　　　　　　　　　　20××年×月×日 附：1. 本答辩状副本　　　份 　　2. 证据清单　　　　　份

如表2-4所示，一份完整的行政答辩状应当包括首部、正文、尾部及附项三方面的内容。首部即标题"行政答辩状"；正文部分也由三部分组成，即当事人栏、案由部分和答辩部分；尾部及附项部分包括致送机关，答辩人和附项说明三部分。

E系统中已经自动生成答辩状的首部、尾部及附项部分。当事人栏以及案由的大部分内容和诉讼请求在E系统中也自动生成，诉讼代理人只要注意选择复审/无效宣告请求决定即可。诉讼代理人撰写答辩状的重点在于阐述答辩的事实和理由部分。

（三）答辩状的撰写原则

答辩状应当针对原告起诉的理由进行有针对性的答辩，并注意结合证据和法律依据。答辩理由应详略得当、条理清楚、逻辑严密，便于法官引用，可以用证据（主要是决定中采用的证据）和/或相关法律依据予以支持。诉讼代理人应当确保答辩理由经得起推敲，没有证据或法律依据的答辩理由尽量不要写入答辩状。

撰写用词应当注意不同审级当事人的正确称呼：第一审程序中为原告/被告/第三人；第二审程序对应为：上诉人/被上诉人/原审第三人；审判监督程序中为：再审申请人/再审被申请人等。

（四）答辩的事实和理由

针对起诉状进行答辩的事实和理由主要有以下几种情形。

1. 诉讼主体是否适格

起草答辩状时应首先核实原告的身份是否适格，如果经核实原告不是复审、无效审查决定的行政相对人或利害关系人，则需要在答辩状中指出，请求人民法院依法裁定驳回起诉。

2. 起诉是否超期

对于原告起诉时间已经明显超过法定期限的案件，需要在答辩状中指出，并根据被诉决定的发文日期及相关规定具体阐述理由。

3. 新证据和新理由

如果原告在起诉状中提交了在复审或无效程序中没有出现过的新证据，或者提出了在复审或无效程序中没有提出过的新理由，需要在答辩状中指明，根据具体情况请求人民法院对该证据不予采信，对该理由不予审理。

4. 法定程序违法

如果原告在起诉状指出被告作出的行政行为不符合法定程序，例如，违反听证原则、违反依职权原则等，应在具体答辩的同时，准备相应证明程序合法的证据，如口头审理记录表、无效宣告请求书、复审通知书等。例如，原告在起诉状中指出专利复委员会作出的决定违反请求原则，对于这类情况，通常需要特别准备与之相关的一些证据材料，如请求人提出无效宣告请求时的无效请求书、一个月内补充意见陈述书及所附证据等，并结合这些材料在答辩状中逐一说明决定所依据的理由在案件中的相关出处，辅以相应的证据材料简述事实过程。

5. 实体问题的答辩

诉讼代理人应当针对原告的理由对实体问题进行答辩。答辩时可以引述被诉决定中的论述，结合确实充分的证据和相关法律法规条款，对被诉决定的理由和认定作进一步解释说明。

对于原告在起诉状中所叙述的与实际情况不符的案件事实，诉讼代理人应予明确指出，并向法庭清楚简要地描述案情事实，还应当就争议的重点事实进行详细阐述。

在答辩状中，诉讼代理人应当针对原告起诉的论点，提出确实充分的证据证明案情事实，列举有关的法律、法规，并适当摘引相应的条款进行辩驳，说明自己作出的行政行为所适用的实体法和程序法均正确。

（五）诉讼请求

答辩状正文的最后部分为诉讼请求，其基本格式为：综上所述，专利复审委员会对第××××号无效宣告（复审）请求案作出的第××××号决定认定事实清楚、适用法律法规正确、审理程序合法，审查结论正确，原告的诉讼理由不能成立，请贵院驳回原告诉讼请求。

（六）答辩状撰写的建议

答辩状可采用提纲式的撰写方式，条理清晰，语言简练；对于程序和证据方面的事实和相应主张，撰写时应当做到清楚简明、不遗漏；而对于实体内容的阐述则应当在审查决定主要观点的基础上，对起诉状的主要观点进行针对性回应，回应时注意与被诉决定或在先决定中观点的内在逻辑关系。

答辩时可以按照时间顺序将请求人提出的证据一一说明情况，也可以梳理双方当事人提交的意见陈述书的对应关系情况予以说明。对于已经在审查决定中详细阐述的内容，答辩时不必重复使用笔墨，只需要指明在审查决定中的相应出处即可，应重点关注起诉状中出现的新证据、新理由。

对于技术领域特殊、案情复杂的案件或篇幅过长的起诉书,可以简要归纳争议焦点,便于法官确定庭审调查重点。

二、证据材料的准备

《行政诉讼法》第三十四条第一款规定:"被告对作出的行政行为负有举证责任,应当提供作出该行政行为的证据和所依据的规范性文件。"根据此条规定,专利复审委员会应当在答辩期限内向人民法院提供作出无效、复审决定的事实和法律依据。

(一)证据准备的原则

《行政诉讼法》第六条规定,人民法院审理行政案件是对行政行为的合法性进行审查;第六十九条规定,行政行为证据确凿,适用法律、法规正确,符合法定程序的,人民法院判决驳回原告的诉讼请求;第七十条规定,行政行为有主要证据不足的情形的,人民法院判决撤销或者部分撤销,并可以判决被告重新作出行政行为。

行政诉讼既要查清事实,又要兼顾行政管理特点和实际情况,其中判断证据是否充足的证明标准介于刑事诉讼和民事诉讼之间,比刑事诉讼中排除合理怀疑标准要低,比民事诉讼中优势证据标准要高。行政诉讼中的"主要证据不足"的情形,是指行政机关作出的行政行为缺乏事实根据,导致认定的事实错误或者基本事实不清楚;相对应的,行政行为所认定事实的主要证据确实、充分的,就可以认为行政行为的证据确凿,即证据确凿是主要证据确实、充分的另一个表述。❶

因此,专利复审委员会证据提交的原则是:提交能够证明依法作出被诉决定的事实依据和法律依据的证据,一般是指作出被诉决定时采信的证据和能够证明行政程序中某一事实的证据,并且应当包含用以反驳原告诉讼主张的证据。被诉决定未依据的证据一般不再向法院提交。

---

❶ 参见全国人民代表大会常务委员会法制工作委员会编写:《中华人民共和国行政诉讼法释义》,法律出版社 2014 年版,第七十条【撤销判决和重作判决】。

（二）证据清单的撰写

证据的提交一般以证据清单所列的证据为准，为了便于庭审的顺利进行和庭审答辩，在撰写证据清单时应该详细列明每个证据的证据名称及证明目的。证明目的可以逐项列出，也可以综合概括。

E系统中自动生成的证据清单有普通和表格两种格式。

复审案件证据清单普通格式模板参见表2-5。

表2-5　复审案件证据清单普通格式模板

证据清单

【（20××）京73行初××××号】

证据1：复审请求人20××年×月×日提交的权利要求书（即复审决定针对的文本），20××年×月×日提交的说明书，20××年×月×日提交的说明书附图，20××年×月×日提交的说明书摘要，20××年×月×日提交的说明书摘要附图；

证据2：WO××A，公开日：20××年×月×日（决定中的对比文件1）；

证据3：专利复审委员会于20××年×月×日发出的复审通知书。

另附：第××号复审决定。

鉴于前述证据1-2原告已经提交，被告不再重复提交。

以上证据用于证明被诉决定认定事实清楚、适用法律正确、审查程序合法。

无效案件证据清单普通格式模板参见表2-6。

表2-6　无效案件证据清单普通格式模板

证据清单

【（20××）京73行初××××号】

证据1：申请号为××.×中国××申请授权公告文本（即本专利）；

证据2：US××××美国专利授权公告文本及其中文译文，公开日：20××年×月×日（决定中的对比文件1）；

证据3：口头审理记录表。

另附：第××号无效决定。

上述证据1-2原告已经提交，被告不再重复提交。

以上证据用于证明被诉决定认定事实清楚、适用法律正确、审查程序合法。

使用表格格式的可以参照上述模板。

需要注意的是：

（1）证据第一项一般应当列出被诉决定审查时所针对的文本；

（2）对于作出决定所依据的证据，需要写明"被诉决定中的证据××"；

（3）被诉决定是行政诉讼审查的对象，原告或上诉人没有提交该决定的，专利复审委员会应当将该决定以附件的形式向人民法院提交；

（4）原告提交过的证据，经审核无误的，不用重复提交，但是如果这些证据同时也是决定所依据的证据，则必须在证据清单中列明，同时在证据清单最后注明："以上证据××已由原告提交，不再另行提交。"

（三）涉诉复审案件的证据准备

在对专利复审委员会作出的复审请求审查决定提起的行政诉讼中，专利复审委员会需要提交作出复审请求审查决定时所依据的审查文本。

根据诉讼所涉及的问题，提交证据的情况各不相同：例如，如果复审决定是以《专利法》第三十三条为由维持驳回决定，则需要提交涉案申请的原始申请文本以便对是否超范围进行比对；如果复审决定是以创造性为由维持驳回决定，则评判创造性时所使用的对比文件必须提交，以证明行政行为的合法性；对于原告对审查过程中的具体程序提出异议的情况，还需要提交复审请求书、复审通知书、意见陈述书等文件予以佐证。

在复审案件证据提交中，当对比文件为外文时，复审决定中记载的对比文件中的内容一般视为中文译文，无需另行再提交对比文件的全部中文翻译，但如果确有需要，则第一诉讼代理人和第二诉讼代理人可以相互协商，提交该需要的中文翻译或者提交国外专利的中文同族专利。

(四) 涉诉无效案件的证据准备

在对专利复审委员会作出的无效宣告请求审查决定提起的行政诉讼中，专利复审委员会需要提交作出无效宣告请求审查决定时所依据的审查文本，如授权公告文本、宣告部分无效公告文本等。

在宣告专利权无效的案件中，作出无效决定所依据的证据都应当提交；在维持专利权有效的案件中，请求人提交的所有证据都应当提交。对于原告的起诉理由中涉及无效审理程序问题时，还需要提交口头审理记录表、无效宣告请求书、转送文件通知书等相关文件作为证据。

(五) 公知常识性证据的准备

证明公知常识，可以通过举证的方式，也可以通过充分说理论述的方式。诉讼代理人认为需要通过举证进行证明的，应当将相应书面证据在证据清单中列明，并提交法院。

举证公知常识，通常应该使用教科书或工具书，必要时也可以使用多篇专利文献。使用教科书、工具书等书证证明公知常识的，应当提交包括封面页、版权页以及相关章节页的复印件，并在出庭时携带证据原件以供质证；使用多篇专利文献证明一项技术特征属于公知常识的，应当提交专利文献的复印件，并充分说明所述知识或者技术在该技术领域中已经被本领域技术人员所普遍知晓并被普遍接受。

三、答辩材料的提交

答辩材料除了答辩状、证据清单以及证据材料外，还包括中华人民共和国事业单位法人证书（副本）复印件、法定代表人身份证明和授权委托书。如诉讼代理人发生变更的，第二诉讼代理人还需准备变更后的授权委托书。

依照《行政诉讼法》第六十七条规定，一审的答辩期限为十五天，自收到人民法院转送的诉讼文件之日起算。

第二诉讼代理人将答辩材料按照规定份数准备好后，连同签收后的人民法院送达回证，一并封入诉讼专用信封。信封上应写明发送法院名称、收件人姓名，并在信封左下角处写明法院的案件编号、内装诉讼材料名称。上述诉讼材料由行政诉讼处书记员以机要或面交的方式向人民法院提交，对于答辩期限临近届满的诉讼案件，可以通过特快专递发送。

答辩状和法定代表人身份证明应加盖专利复审委员会诉讼专用章，授权委托书应加盖诉讼专用章及法定代表人签名章，而且，所有提交给法院的答辩材料都应准备一份副本放入诉讼案卷留存。

四、诉讼工作记录卡的建立

除上述必备的文书和材料外，诉讼代理人还可以整理形成自己的诉讼工作记录卡，完整记录有关诉讼的工作情况。例如，可以将案件的基本情况予以说明，并梳理行政诉讼中涉及的问题，集中焦点问题，辅以案件背景情况（如同族专利或关联无效案件的情况），形成完整、便于快速查询案情的诉讼工作记录文档。建议诉讼代理人在文档中标引出诉讼中涉及问题的类型，比如程序上的听证/请求/依职权等，或实体上的事实认定/权利要求解释/创造性、新颖性或其他非三性条款。这种工作记录不仅便于梳理诉讼案件的案情，也便于事后整理和研究工作。

诉讼工作记录卡的具体格式可参见表 2-7。

表 2-7 诉讼工作记录卡的具体格式

诉讼工作记录卡			
案件编号		申请号	
发明名称			
一审起诉理由			
起诉状新增证据			
我方新增证据情况（是否随答辩状提交）			
庭前注意事项			

续表

当庭情况记录	
庭后事务处理	
二审上诉理由	
上诉状新增证据	
我方新增证据情况（是否随答辩状提交）	
庭前注意事项	
当庭情况记录	
庭后事务处理	
再审理由	
新增证据	
我方新增证据情况（是否随答辩状提交）	
庭前注意事项	
当庭情况记录	
庭后事务处理	

第三节　第一审案件的出庭

在收到法院开庭的传票后，诉讼代理人即进入出庭应诉阶段，第一诉讼代理人、第二诉讼代理人应当合理分工、相互配合，以完成好出庭工作。

一、出庭前的准备

（一）出庭行程安排

行政诉讼处指定人员签收和登记开庭传票后应及时转交给该案的第二诉讼代理人，并做好行程安排。

第二诉讼代理人根据收到的传票完成以下准备工作：核实开庭时间地点，必要时可电话联系法院书记员确认；提前与第一诉讼代理人联系，确认参加庭审的相关事宜；签署传票的送达回证并将传票入卷留存。

（二）出庭前的合议

开庭前，第一诉讼代理人和第二诉讼代理人应当就案件情况进行合议，针对起诉状中涉及的问题，具体分析庭审中可能遇到的情况，并确定应对方案。

合议前，第一诉讼代理人应当全面、完整理解涉诉专利/申请的技术方案，了解案件所属领域的现有技术状况，对相关文件（例如对比文件）涉及的发明构思充分把握；第一诉讼代理人还应针对涉及的公知常识做好准备工作，例如，提前准备相关的教科书、工具书或者充分说理论述。第二诉讼代理人应当对起诉状涉及的争议焦点以及程序问题准备应对措施，必要时还需提前准备可能涉及的法律法规以及委内的相关规范、规定。初次答辩后又收到第三人书面意见或证据材料的，第二诉讼代理人还应及时将其转交给第一诉讼代理人，便于提前阅卷。

合议时，先由第一诉讼代理人介绍具体技术方案，然后第一诉讼代理人、第二诉讼代理人针对起诉状中的争议焦点问题，逐条商议应对方案。第一诉讼代理人、第二诉讼代理人可以制作合议记录或填写诉讼工作记录卡，将焦点问题、预期可能发生的情况及应对等合议情况予以记录。例如，原告提出的起诉理由涉及文书的送达期限，则第一诉讼代理人和第二诉讼代理人应共同合作，尽可能找到证明收发文情况的资料（如挂号信的收信、退信、送达情况等记录），以备庭审之需。

（三）出庭着装与礼仪

诉讼代理人开庭穿着应当庄重简洁，不宜穿着暴露、过于休闲，建议着口审服或其他正装、职业装等。

出庭之前，诉讼代理人应按照传票要求的时间到达开庭法院，并配合法警的登记/安检要求，有序进入法庭。庭审期间，诉讼代理人应当严格遵守法庭纪律。如果因正当事由导致不能按时到庭的，第二诉讼代理人应及时与法院联系说明情况。

二、参加庭审

（一）庭审中的特定诉讼参与人

专利行政诉讼案件对技术专业性的要求相对更高，因此会有一些特定人员加入到专利行政诉讼案件的审理过程中，下面对在专利复审无效行政诉讼的庭审中常见的诉讼参与人的职责和法律地位进行介绍。

1. 技术调查官

设立技术调查官在我国司法界是一项新举措，是专门针对我国知识产权领域司法审判而设立。[1]

技术调查官的法律地位为司法辅助人员，其主要职责是协助法官就相关技术领域的专业问题协助调查，提出意见和建议。技术调查官参与庭审并列席合议庭评议，但对案件裁判结果不具有表决权。

---

[1] 参见《最高人民法院关于知识产权法院技术调查官参与诉讼活动若干问题的暂行规定》。

2. 法官助理

北京知识产权法院常有法官助理参加庭审。法官助理的主要职责是在法官指导下完成与审判业务相关的辅助性工作，包括手续审查，证据材料交换，质证等工作。

3. 专家辅助人

这里的专家辅助人即《民事诉讼法》第七十九条中所指的"具有专门知识的人"。根据该规定，当事人可以申请人民法院通知有专门知识的人出庭，就鉴定人作出的鉴定意见或者专业问题提出意见。专家辅助人是诉讼辅助人的一种，专家辅助人发言的法律性质相当于当事人陈述。❶

（二）参加庭审的基本原则

在出庭过程中，诉讼代理人应当遵循以下基本原则：

（1）态度谦和，立场中立，尊重审判人员及双方出庭人员。当对方出庭人员在庭审过程中言辞过激时，保持不卑不亢，礼貌地提醒法官注意当事人的不当行为，避免直接与当事人争论。庭审前后均应避免与双方出庭人员有过于密切的行为或者交谈，保持专利复审委员会中立立场。

（2）发言应当客观、清楚、自信、有礼。描述案情时，应当客观、完整、清楚、简洁；回应对方当事人的问题时，应当用词礼貌、阐述客观，避免使用过激言辞；进行发言时，应当语调自信、语速适中，注意根据法官提问的进程掌握庭审节奏。

（3）注重沟通，诉讼代理人之间应当及时沟通，例如，对于庭审提问中涉及的不太确定的问题，第一诉讼代理人、第二诉讼代理人应该简单沟通后再作答，不要贸然回答。

此外，根据《国家知识产权局新闻宣传工作管理办法》第十六条规定，诉讼代理人未经批准，不得以国家知识产权局名义公开发表涉及热点和敏感问题的讲话、文章；不得以国家知识产权局名义接受记者采访和利用各种媒介答复记者问询；不得以国家知识产权局名义利

---

❶ 参见《最高人民法院关于适用〈中华人民共和国民事诉讼法〉的解释》第一百二十二条。

用各种媒介发布及传播涉及国家知识产权局的敏感信息和不实信息。

（三）庭审中诉讼代理人的分工

第一诉讼代理人和第二诉讼代理人在庭审的各个阶段分工如下。

1. 出庭资格确定阶段

法院庭审的第一阶段为当事人以及出庭人员的资格核实阶段。该阶段主要由第二诉讼代理人负责，具体包括以下事项：介绍单位名称、住所地、法定代表人及其职务、出庭代理人情况及代理权限；核实原告及第三人身份；决定对合议庭组成人员、书记员、法官助理、技术调查官是否提出回避申请等。

2. 法庭调查和法庭辩论阶段

在法庭调查和法庭辩论阶段，首先，由第二诉讼代理人简单介绍涉案决定的结论、出示证据并与对方当事人进行证据质证，对程序性问题进行答辩。其次，由第一诉讼代理人负责对涉案决定的作出及技术方案的相关问题进行答辩，第二诉讼代理人在必要时进行补充。庭审中所涉及的其他问题，则由第一诉讼代理人、第二诉讼代理人沟通后答辩。

3. 法庭最后陈述阶段

在法庭最后陈述阶段，由第二诉讼代理人作最后陈述，一般情况下坚持答辩意见即可，确有必要时可对需要补充说明的法律适用等问题再进行陈述。

在上述分工的基础上，主要由第二诉讼代理人对庭审答辩工作的分工进行引导，并对合议庭的询问及时作出反应。

对于庭审过程中出现的其他问题，第二诉讼代理人应与第一诉讼代理人沟通确定由谁来答辩以及如何答辩。

庭审结束后，两位诉讼代理人核对开庭笔录后签字确认。

（四）对法庭询问的应答

法庭的询问通常有以下两种情况，一种是针对案件具体内容，另一种是针对法律适用问题。

当法庭对案件具体内容进行提问时，诉讼代理人应当首先对申请文件或证据中的技术特征、技术效果等进行分析和解读，进而着重解释被诉决定的判断思路和说理过程。对于技术领域特殊或者案情复杂的案件，可以首先从本领域技术人员的角度出发，主动向法庭介绍对于发明构思、技术方案和现有技术状况的理解，帮助法庭了解被诉决定作出的整体思路、厘清焦点问题；进而再就具体技术内容进行针对性陈述和回应。

当法庭就法律适用问题进行询问时，诉讼代理人可以将一些已有规定的内容向法官进行介绍，避免将个人观点或者部分人的观点作为专利复审委员会的统一观点进行回复。

（五）庭审常见情况的处理

以下列举几种常见情况加以说明。

1. 是否需要提出回避请求

根据《行政诉讼法》的相关规定，提起回避针对的对象应当是审判人员、书记员、法官助理、技术调查官，当事人认为上述人员与本案有利害关系或者有其他关系可能影响公正审判的，诉讼代理人有权申请其回避。

2. 对方当事人未到庭或者中途退庭

按照《行政诉讼法》第五十八条规定，经人民法院传票传唤，原告无正当理由拒不到庭，或者未经法庭许可中途退庭的，可以按照撤诉处理。

3. 当事人资格或出庭人员身份存在问题

在对方出庭人员陈述其资格时，诉讼代理人发现对方出庭人员身份资格或者授权委托书存在问题的，可要求法院核实当事人或者委托人的出庭手续是否合法有效。❶

4. 起诉期限

庭审过程中发现对方当事人起诉时间明显超过法定期限的，可

---

❶ 根据《行政诉讼法》第三十一条规定，诉讼代理人可以是：(1) 律师、基层法律服务工作者；(2) 当事人的近亲属或者工作人员；(3) 当事人所在社区、单位以及有关社会团体推荐的公民。另外根据行政诉讼法的相关规定，以专利代理人身份参与庭审的诉讼代理人需要在代理人协会推荐名单之中。

要求法院当庭核实对方在法院的立案信息。

5. 证人、专家辅助人等出庭作证

有证人出庭作证或者邀请了专家辅助证人出庭的，诉讼代理人应当注意其证人出庭申请程序是否合法、相关出庭人员身份是否适格。

在申请程序和资格均无瑕疵的前提下，诉讼代理人可以根据具体案情针对以下内容进行质证：证人的证言是否与事实不符、是否存在逻辑错误；专家辅助人的陈述是否超出其专业知识范围、是否与其学术著作中的观点矛盾等。

6. 关于公知常识的陈述

如果根据起诉状内容，能够预测到庭审焦点涉及被诉决定中使用的公知常识性内容，诉讼代理人应当在庭前做好公知常识性证据提交，以及进行当庭公知常识意见陈述的准备工作。

如果存在教科书、工具书等公知常识性证据，应在答辩阶段提交法院。未能在庭前提交相应证据的，第一诉讼代理人应当在出庭时准备好证据原件及复印件。如果认为被诉决定中涉及的公知常识是本领域中无需使用证据加以证明的常规技术，则需要诉讼代理人在庭审过程中进行更为充分的论述说理。

诉讼代理人在意见陈述中应当注意公知常识性证据本身和被诉决定中的相关内容的有机结合，尤其是当公知常识性证据与涉案专利的技术领域并未完全契合时，应当就本领域技术人员如何将所述公知常识应用于涉案专利的具体领域展开充分的论述说明。

7. 庭审过程中对方提出的新理由、提交的新证据

对于原告当庭提出的复审、无效决定涉及而在开庭前未提出的新理由，诉讼代理人应当首先指出其超出了起诉状的范围。如果第一诉讼代理人、第二诉讼代理人经过沟通，认为可以当庭答辩的，则可以答辩；如果认为不能当庭答辩的，可以要求法庭指定举证答辩期限。

对于原告当庭提交的证据，诉讼代理人应当首先核实其是否在复审、无效程序中提交过。如果是复审、无效程序中未出现过的新证据，应当首先指出其与本案不具备关联性，不应予以采纳。如果并非上述情况的，诉讼代理人可以当庭质证并请求新的举证期限以提交

用于反驳的证据。

（六）庭审记录

诉讼代理人可以记录法庭归纳的争议焦点、法官或技术调查官发问内容、各方当事人不利于己方的自认等信息，以便于败诉后的分析，及上诉使用。

三、出庭后续事宜

应法院要求，或在诉讼代理人认为确有必要的情况下，庭后应当提交代理词或者补充证据。其提交程序与答辩材料的提交程序相同。

（一）提交代理词

需要提交代理词的情况有两种：代理人认为有必要提交的、应合议庭的明确要求提交的。

诉讼代理人根据开庭情况，认为有未尽之言需要向合议庭陈述的，可以准备和提交代理词，由第一诉讼代理人负责起草，并与第二诉讼代理人共同商定后及时提交人民法院。对于答辩状中已经全面阐述的内容不必重复，代理词应当着重于答辩状中遗漏的内容，或者法院庭审中重点调查的内容，有针对性地阐明问题。

如果合议庭在庭后明确要求诉讼代理人针对某一或者某些问题提交代理词，可能是由于合议庭对某些事实的认定尚不明确，需要通过进一步的书面意见来促进心证的形成。

（二）庭审后补充提交证据

根据《行政诉讼法》第三十九条、第四十条规定，人民法院有权要求当事人提供或者补充证据，人民法院有权向有关行政机关以及其他组织、公民调取证据。

合议庭当庭要求提交或者补交证据的，有利于合议庭查清事实，并解决原告当庭增加诉讼理由而被告对此问题没有提交相关证据的问题。合议庭庭后要求提交或者补交证据一般是为了满足人民法院整理诉讼档案的需要，同时兼有全面审查的考虑。对于合议庭明确要求提交的证据，诉讼代理人应当按时提交或者补交。

诉讼代理人认为有必要的，也可以自行补充提交证据。

第四节 收到第一审判决/裁定后的处理

第一审判决/裁定经行政诉讼处书记员签收后，送至立案及流程管理处扫描入E系统，并最终交由第二诉讼代理人入卷留存。诉讼代理人在E系统中"行政诉讼"下的"新收到判决书"一栏中即可看到相应信息（如图2-4所示）。

图2-4 "新收到判决书"一栏中的信息

根据《行政诉讼法》第六十九条、第七十条、第七十七条等规定，第一审"请求撤销行政行为类"的判决结论可能有以下两种：第一，法院结论为维持决定的，即判决驳回原告诉讼请求；第二，撤销被诉行政行为的，即判决撤销被告作出的××决定，责令被告重新作出行政行为。

根据《行政诉讼法》第五十八条、第六十一条、第六十二条等规定，第一审法院的裁定结论可能有"不予立案""驳回起诉""准许/不准许撤回起诉""按撤诉处理""中止/终结诉讼"等情形。

以下按照胜诉/败诉案件的不同处理流程，分成两个小节阐述收到第一审判决/裁定后的处理。

一、第一审胜诉案件的处理

第一审判决结论为驳回原告诉讼请求的案件以及裁定不予立案、

第二章 第一审案件的应诉

驳回起诉、准许撤回起诉、按撤诉处理、终结诉讼的案件，是胜诉案件。第二诉讼代理人应当按照以下规定及时完成后续处理。

（一）在 E 系统中结案

在结束诉讼任务之前，第二诉讼代理人一般需要填写以下两份结案材料。

1. 诉讼案件分析报告

收到胜诉案件的裁判文书后，第二诉讼代理人应当在三十日内完成诉讼案件分析报告，并结束诉讼任务。

2. 诉讼案件质量反馈表

诉讼案件涉及以下几类问题的，第二诉讼代理人应当在诉讼任务结束之前在 E 系统完成诉讼案件质量反馈表，并及时提交行政诉讼处负责人：

（1）案件存在质量问题；

（2）案件存在典型性或者普遍性的问题；

（3）案件存在需要进一步讨论的问题。

在诉讼案件质量反馈表中，第二诉讼代理人应当简明扼要地对行政判决书/裁定书或者司法建议函中的相关内容进行摘引或概括，以进一步说明上述需要反馈的问题。

行政诉讼处负责人应当研究分析该诉讼案件所反映的问题，根据案件的具体情况确定是否有必要在处内进行研讨，以及是否应当反馈给专利复审委员会质量保障小组。

（二）结案后诉讼案卷的归档处理

第二诉讼代理人在结束诉讼任务后将下列法律文书归档：

（1）应诉通知书、起诉状及证据材料；

（2）第一审答辩状及证据材料副本；

（3）人民法院判决书/裁定书原件；

（4）其他重要的法律文书。

归档时案卷顺序依次为：应诉通知书、起诉状、原告提交的证据、诉讼代理人指派书、法定代表人身份证明书、授权委托书、答辩状、证据清单、依照证据清单所列的完整的一套证据副本、第三人的书面意见及证据、开庭传票、代理词、判决书/裁定书、败诉案件汇报登记表。其余未尽文件依时间顺序排列。

完成归档后，第二诉讼代理人应当在审查案卷上标注人民法院判决结果及案号，填写诉讼工作档案表的相应栏目并及时将全部文档交行政诉讼处负责归档工作的书记员，以完成结案手续的处理。

（三）诉讼案件分析表的填写

诉讼案件结案后，诉讼代理人需根据案件情况及时填写诉讼分析表，以便日后统计分析。

二、第一审败诉案件的处理

第一审判决结论为撤销决定的案件，即败诉案件，第一诉讼代理人和第二诉讼代理人应当认真分析原因，并按照规定及时进行败诉案件报批程序。

第一审败诉案件的上诉期为十五天，因此诉讼代理人应该在收到第一审判决书之日起两日内召开败诉案件合议会议，确定是否需要提起上诉，并在七日内完成 E 系统的败诉报批程序。

（一）召开败诉案件合议会议

败诉案件是否提起上诉，由审批小组提出初步意见，并由行政诉讼处负责人向专利复审委员会分管委主任汇报，最后作出决定。审批小组由行政诉讼处、研究处和案件所属处室负责人组成。败诉案件合议会议中，审批小组除了得出是否上诉的初步意见外，还应对案件性质是否属于需进一步规范、专利复审委员会标准执行不一致、与法院标准不一致等发表意见，为后续质量保障、培训、研究和交流提供案例基础。

召开败诉案件合议会议的具体流程为：收到败诉判决后，由案件的第二诉讼代理人填写《败诉案件汇报登记表》，并将此表交由第一诉讼代理人与原合议组成员商议后签署意见。由第二诉讼代理人负责召集审批小组召开败诉案件合议会议，并将此表报审批小组研究。会议上，主要由第一诉讼代理人介绍案情，第二诉讼代理人补充意见，审批小组得出结论后分别签字。

《败诉案件汇报登记表》格式参见表 2-8。

表 2-8 《败诉案件汇报登记表》格式

败诉案件汇报登记表				
基本信息	诉讼编号		专利名称	
	判决号		原告/上诉人/申诉人	
	案件处室		是否改判	
争议问题				
案件性质	□质量问题　　　□非质量问题，需进一步规范 □涉及局内审查标准执行一致的问题 □重大、典型　　□法律适用标准　　□事实认定 □诉讼新动态、新问题			
汇报内容	一、案情和争议点 二、决定观点 三、判决观点 四、一代意见和分析 五、二代意见和分析			
申诉处意见				
研究处意见				
诉讼处意见				
分管领导意见				

（二）在 E 系统中败诉报批

召开败诉案件合议会议的同时，第二诉讼代理人还应当及时在电子审批系统 E 系统中启动诉讼案件报批程序，将诉讼案件报批表发送至第一诉讼代理人，并随报批程序的流转顺序填写此表：

（1）第一诉讼代理人与原合议组其他成员进行合议，并填写第一诉讼代理人意见、合议组其他成员意见和合议组上诉意见；

（2）第二诉讼代理人填写意见；

（3）案件所属处室负责人填写意见；

（4）行政诉讼处负责人填写意见；

（5）分管案件所属处室的主任委员或副主任委员填写意见，并决定是否提起上诉，并由第一诉讼代理人和第二诉讼代理人共同说明被诉案件的具体情况。

第一审败诉案件报批程序应当在收到第一审判决书之日起七日

内完成。

E系统中的报批表内容如图2-5所示。

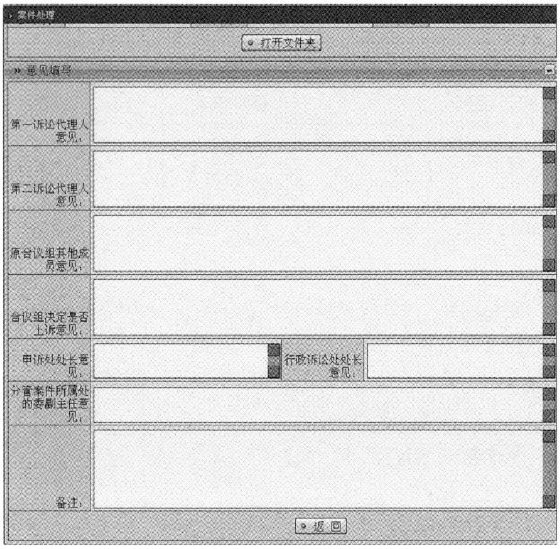

图2-5　E系统中的报批表内容

（三）根据报批结论处理败诉案件

专利复审委员会决定提起上诉的案件，进入第二审程序，具体参见本书第三章"第二审案件的应诉"的相应内容；决定不上诉的，经核实其他当事人也未上诉的，行政诉讼处一般应当及时结案并将案件退档。败诉案件的结案、退档及填写诉讼案件分析表的具体要求同胜诉案件，参见本章第四节"第一审胜诉案件的处理"的相应内容。

（四）生效败诉判决的执行

我国行政诉讼法实行两审终审制，超出上诉期未提起上诉的第一审判决即告生效。

根据《专利审查指南》的规定，复审请求或者无效请求审查决定被人民法院的生效判决撤销后，专利复审委员会应当重新作出审查决定。立案流程管理处重新生成案件编号后案件转至相应处，相应处室负责人应监督人民法院判决的执行情况。因主要证据不足或法律适用错误导致审查决定被撤销的，不得以相同的理由和证据作出与原决定相同的决定；因违反法定程序导致审查决定被撤销的，根据人民法院的判决，在纠正程序错误的基础上，重新作出审查决定。

第五节 第一审案件应诉工作流程图

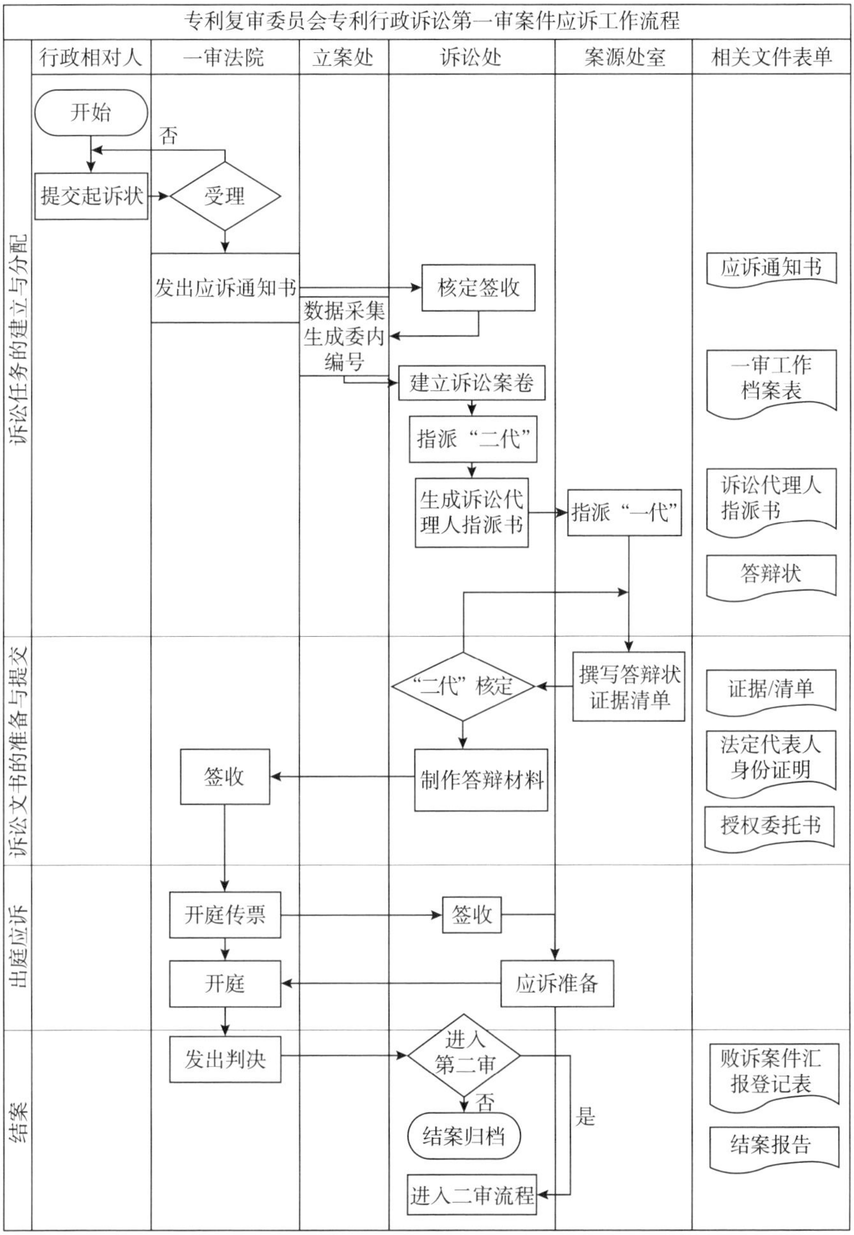

图2-6 专利复审委员会专利行政诉讼第一审案件应诉工作流程图

注："一代"指第一诉讼代理人，"二代"指第二诉讼代理人。

第三章

第二审案件的应诉

第三章 第二审案件的应诉

第一节 第二审案件的建档

本节介绍第二审案件的建档立卷以及诉讼任务的分配,与第一审程序相比的不同之处将作为重点介绍。

一、第二审案件的建档立卷

与第一审案件的建档立卷相同,第二审案件建档工作主要由行政诉讼处和立案流程处共同完成。具体内容可参见本书第二章第一节"第一审案件的建档"。不同之处在于,其他第一审当事人上诉的,第二审案件建档立卷时,专利复审委员会收到的诉讼材料并不包括应诉通知书,而一般只有第一审法院转送的上诉状副本;专利复审委员会不服第一审判决提起上诉时,E系统会在第一审结案后,自动生成第二审诉讼案件。

2016年1月1日以前,第二审法院(北京市高级人民法院)的案件案号为:(20××)高行(知)终字第××号;2016年1月1日后采用:(20××)京行终第××号。第二审法院的案件案号通常在北京市高级人民法院寄送应诉通知书或传票时方能得知。

专利复审委员会第二审案件编号的审级代码为"B",即案件编号为"复审无效案件的委内编号加B加两位数字",例如:1F×××××B××(发明复审案件);2F×××××B××(实用新型复审案件);3F×××××B××(外观设计复审案件);4W×××××B××(发明无效案件);5W×××××B××(实用新型无效案件);6W×××××B××(外观设计无效案件)。

二、第二审案件的分配

第二审案件的分配与第一审案件基本相同,具体内容可参见本书第二章第一节"第一审案件的分配"。

第二节 上诉和答辩

本节介绍第二审案件的上诉与答辩，重点介绍上诉状的撰写。

一、上诉状和答辩状的撰写

（一）上诉状

专利复审委员会决定提起上诉的，由第一诉讼代理人和第二诉讼代理人共同商定上诉状内容，并由第一诉讼代理人负责起草上诉状，拟定向人民法院提交的证据材料并撰写证据清单，在诉讼代理人指派书注明的日期前将上述文件在E系统中发送第二诉讼代理人。第二诉讼代理人阅卷后，认真分析第一审判决，查阅上诉状的撰写及证据的提交情况，如果认为上诉状的撰写和证据的提交存在不妥之处而有必要进行修改和完善时，可与第一诉讼代理人商议后重新确定。诉讼代理人在撰写上诉状时，对于败诉案件合议会议中审批小组达成一致的对于上诉的指导性意见，应遵照执行。

对于决定上诉的案件，第一诉讼代理人和第二诉讼代理人处理上诉案件的时间分配：第一诉讼代理人应当在第一审判决书送达回证的签收日期之日起十天内完成上诉状及证据清单的撰写，并在E系统中将其发送给第二诉讼代理人。第二诉讼代理人应当在上诉期限届满前完成上诉材料的纸件准备工作并以机要交换或者其他方式将诉讼材料提交人民法院。❶

从格式上来讲，上诉状中的当事人栏除列明上诉人的情况之外，还要列出被上诉人及第三人的情况，被上诉人及第三人情况原则上以第一审判决书中记载的为准，并且需要明确诉讼请求。

---

❶ 对于针对第一审的上诉案件，发送给原审法院，即北京知识产权法院或北京市第一中级人民法院。

上诉状模板参见表 3-1。

表 3-1 上诉状模板

行政上诉状
上诉人：国家知识产权局专利复审委员会
住所地：北京海淀区北四环西路 9 号银谷大厦 10-12 层
法定代表人：×××　国家知识产权局专利复审委员会副主任
诉讼代理人：×××　国家知识产权局专利复审委员会审查员
诉讼代理人：×××　国家知识产权局专利复审委员会审查员
被上诉人：
原审第三人：
国家知识产权局专利复审委员会不服北京知识产权法院作出的撤销专利复审委员会第×××号无效宣告（复审）请求审查决定的（20××）京 73 行初×××号行政判决，特向贵院提起上诉。
诉讼请求：
1. 撤销北京知识产权法院（20××）京 73 行初×××号行政判决；
2. 驳回××××的诉讼请求。
事实与理由：
×××
综上所述，我委第×××号无效宣告（复审）请求审查决定认定事实清楚、适用法律法规正确、审理程序合法，而第一审判决认定事实不清，适用法律错误。请求北京市高级人民法院在查明事实的基础上，依法撤销北京知识产权法院作出的（20××）京 73 行初××××号行政判决。
此　致
北京市高级人民法院
上诉人：国家知识产权局专利复审委员会
20××年××月××日
附：1. 上诉状副本×份
2. 证据清单×份

上诉状正文主要包括上诉请求的事实和理由。

1. 诉讼请求

诉讼请求部分应当写明上诉人请求第二审人民法院依法撤销或

变更原审裁判,并驳回原审原告的诉法请求。上诉请求应当明确、具体。

2. 上诉的事实与理由

事实部分应当概括地叙述案情,并应对一审判决、裁定中的错误之处重点写明,为实现上诉请求提供事实和法律依据;一审判决、裁定中的错误主要体现在以下三个方面:

(1) 事实认定错误的,应当列举证据,否定其认定的全部或部分事实;

(2) 适用法律不当的,则应当援引有关法律加以反驳;

(3) 违反法定程序的,应当依据法律指出错误之处。

理由部分应当针对一审判决、裁定存在的错误,有理有据地进行分析论证,指出错误所在,并阐明错误产生的原因。在上诉状中,可就对专利复审委员会对法律问题的做法和观点明确表态,并可以就法律问题,从立法根本、审查实践等不同角度充分阐述专利复审委员会的观点,而不仅限于被诉决定。

3. 上诉状的结尾

在上诉状的结尾重申诉讼请求的内容,即撤销第一审法院的判决,并驳回原审原告的诉讼请求。

(二) 答辩状

第二审答辩状的撰写可以参照本书第二章第二节"答辩状的撰写"进行。

二、证据材料的准备

专利复审委员会未上诉的第二审案件一般无需再次提交证据,除非应法院要求或需要提交在第一审阶段未提交的新证据。如有新证据提交,则需要提交证据清单,并根据当事人的数量准备相应副本。

对于专利复审委员会上诉的案件,需要提交的证据材料同本书第二章第二节"证据材料的准备"。

第三章 第二审案件的应诉

三、上诉和答辩材料的提交

专利复审委员会对收到第一审判决/裁定如不服，应当在判决书/裁定书送达之日起十五日/十日（自然日）内向北京市高级人民法院提起上诉。第二审阶段应当再次提交授权委托书以及法定代表人身份证明书。

《行政诉讼法》并未就第二审答辩期限作出规定。参照《民事诉讼法》的规定，第二审答辩期为收到上诉状副本之日起十五日内。在实践中，为了便于第二审法院在开庭前阅卷，答辩状应当尽快提交，以便在第一审法院移送案卷前送达。

第三节 第二审案件的出庭

与第一审程序不同，第二审程序有两种审理方式，一为开庭审理，由合议庭全体成员出席；二为不开庭审理（也称书面审理）。在决定不开庭审理之前，有时承办法官会独自一人以谈话的形式询问各方当事人，在专利复审委员会的应诉过程中，这种谈话程序视为开庭，应当给予同等重视。

一、作为上诉人出庭

对于专利复审委员会提起上诉的案件，出庭应诉时应当注意此时专利复审委员会的身份为上诉人，已经由第一审阶段的被动答辩转变为第二审阶段的主动诉求，在法庭中需要明确上诉请求，并针对第一审判决中存在的问题逐一反驳，必要时结合证据进行论述。

二、作为被上诉人出庭

在审理其他当事人提起的上诉请求时，专利复审委员会作为被上诉人参与诉讼，出庭的基本原则以及应对方式可参见本书第二章第三节"第一审案件的出庭"。

第四节 收到第二审判决/裁定后的处理

收到第二审判决/裁定后的处理包括：败诉案件的报批、结案和判决的执行。以审查决定是否被撤销为标准，二审案件可分为败诉案件和胜诉案件。

一、第二审胜诉案件的处理

收到胜诉裁判文书后，第二诉讼代理人应当按照规定及时完成结案工作。具体步骤参照本书第二章第四节"第一审胜诉案件的处理"。

诉讼案件结案后，第二诉讼代理人需根据案件情况及时填写诉讼分析表，对涉及的事实和法律问题进行分类标引，以便日后进行统计分析。

二、第二审败诉案件的处理

（一）召开败诉案件合议会议

第二审案件败诉后是否提出再审请求由行政诉讼处、研究处和案件所属处室负责人组成的审批小组提出初步意见，并由行政诉讼处负责人向专利复审委员会分管委主任汇报后确定。第二审和再审败诉案件，一般应当在收到判决七日内召开败诉案件合议会议。具体步骤参照本书第二章第四节"召开败诉案件合议会议"。

（二）E系统中的败诉报批

同本书第二章第四节"在E系统中败诉报批"。

（三）报批结论为申请再审的败诉案件处理

专利复审委员会决定申请再审的，由立案及流程管理处负责确定诉讼案件编号并在 E 系统中生成新诉讼案件，由行政诉讼处建立申诉工作档案，按相关规定指派诉讼代理人。第一诉讼代理人、第二诉讼代理人共同商定申诉意见，并由第一诉讼代理人起草申诉状，第二诉讼代理人确定后在法定期限内提交相关申请再审材料。

（四）第二审败诉案件的结案

对于第二审败诉案件，无论专利复审委员会是否决定申请再审，第二诉讼代理人都应当及时结案，以便 E 系统能够及时生成败诉重作的复审、无效案件，确保生效判决的执行。

（五）败诉判决的执行

复审请求或者无效宣告请求审查决定被人民法院的生效判决撤销后，专利复审委员会应当重新作出审查决定。立案流程管理处重新生成案件编号后案件转至相应申诉处，相应申诉处负责人应监督人民法院判决的执行情况。因主要证据不足或法律适用错误导致审查决定被撤销的，不得以相同的理由和证据作出与原决定相同的决定；因违反法定程序导致审查决定被撤销的，根据人民法院的判决，在纠正程序错误的基础上，重新作出审查决定。

我国行政诉讼实行两审终审制，第二审判决作出即生效，与专利复审委员会或其他各方当事人是否提出再审申请无关。专利复审委员会应当及时重新审查并作出决定，除非：（1）最高人民法院裁定中止原判决执行的；（2）一方当事人以生效判决被提起再审申请为由提出暂缓作出决定的书面申请，对方当事人明确表示同意的。如果执行生效判决作出的审查决定与在后收到的撤销生效判决的再审判决结论冲突的，专利复审委员会可以基于再审判决重新作出审查决定。

第五节 第二审案件应诉工作流程图

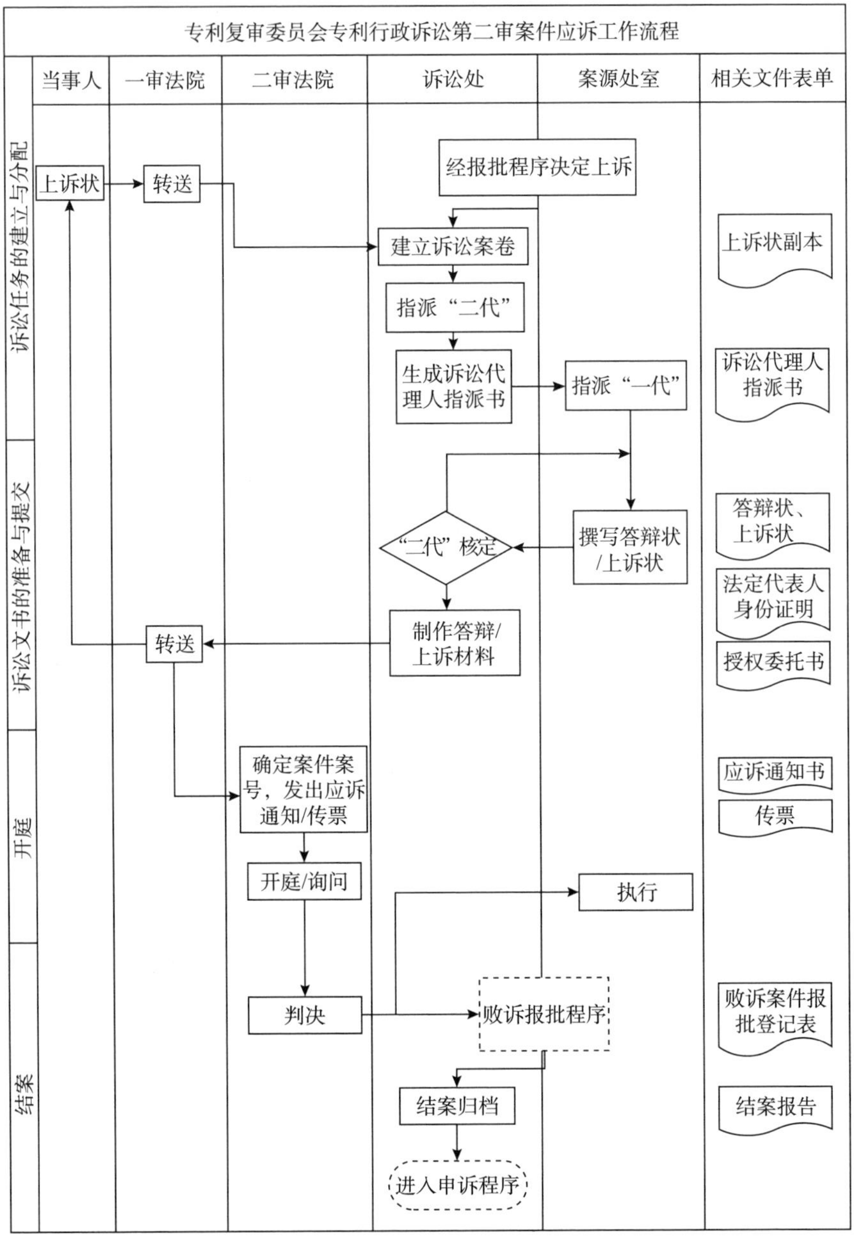

图 3-1 专利复审委员会专利行政诉讼第二审案件应诉工作流程图

注:"一代"指第一诉讼代理人,"二代"指第二诉讼代理人。

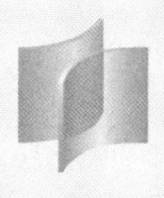

第四章

审判监督程序案件的应诉

第四章 审判监督程序案件的应诉

审判监督程序又称再审程序，是指法院根据当事人的申请、检察机关的抗诉或法院自己发现已经发生法律效力的判决、裁定确有错误，依法对案件进行再审的程序。

审判监督程序的发生包括：基于人民法院行使审判监督权引起的再审；基于人民检察院行使检察监督权而引起的再审；当事人行使诉权申请再审而引起的再审。最高人民法院对地方各级人民法院作出的已经发生法律效力的判决、裁定，上级人民法院对下级人民法院已经发生法律效力的判决、裁定，发现确有错误的，可以提起再审，进入审判监督程序。最高人民检察院对各级人民法院、上级人民检察院对下级人民法院作出的已发生法律效力的判决、裁定，发现违反法律、法规规定的，应当提出抗诉；地方各级人民检察院对同级人民法院作出的已发生法律效力的判决、裁定，发现确有错误的，可以向同级人民法院提出检察建议，并报上级人民检察院备案，也可以提请上级人民检察院向同级法院提出抗诉。当事人对已经发生法律效力的裁判、调解书认为确有错误的，可在裁判、调解书生效后六个月内向人民法院申请再审。人民法院审查当事人的再审申请后，认为不符合再审条件的，裁定驳回申请，对人民法院驳回申请的，申请人如不服，可向上级人民法院提出申诉。人民法院审查当事人的再审申请后，认为符合再审条件的，决定进入再审审理阶段。

由于专利复审无效行政诉讼案件的审判监督程序主要是由当事人申请再审启动，因此本章主要介绍因当事人申请再审而启动的审判监督程序。申请再审案件的审判监督程序分为再审申请的审查和再审审理两个阶段。

第一节　再审申请审查阶段

根据《行政诉讼法》第九十条规定，当事人对已经发生法律效力的判决、裁定，认为确有错误的，可以向上一级人民法院提出申诉，但判决、裁定不停止执行。

根据《最高人民法院关于适用〈中华人民共和国行政诉讼法〉若干问题的解释》第二十四条规定，当事人向上一级人民法院申请再审，应当在判决、裁定或调解书发生法律效力后六个月内提出。

因此，在专利复审无效行政诉讼案件的审判监督程序中，复审请求人、无效请求人、专利权人、专利复审委员会都可以是提起再审申请的主体，提起再审申请的期限是收到生效判决、裁定六个月内提出。

当事人申请再审并不必然进入再审审理阶段，即当事人提出再审申请后，由法院审查是否符合再审的条件，决定是否进入再审审理阶段，再审申请审查是启动再审程序的前置性程序。再审申请审查开始后不停止原生效判决、裁定的执行。

一、再审申请审查案件的建档立卷

与第一审案件的建档立卷基本相同，再审申请审查案件的建档工作主要由行政诉讼处和立案流程处共同完成。行政相对人申请再审的案件，行政诉讼处负责接收法院转送的诉讼材料并登记签收，立案及流程管理处负责在 E 系统中采集文件并生成诉讼案件编号，行政诉讼处负责制作诉讼案卷；专利复审委员会申请再审的案件，立案流程处负责在 E 系统中生成诉讼案件编号，行政诉讼处负责制作诉讼案卷。

最高人民法院受理的再审申请审查案件案号为（20××）最高法行申××号。

专利复审委员会再审申请审查案件编号审级代码为"C"，即"委内编号加 C 加两位数字"，例如：1F××××××C××（发明复审案件）；2F××××××C××（实用新型复审案件）；3F×××××C××（外观设计复审案件）；4W××××××C××（发明无效案件）；5W××××××C××（实用新型无效案件）；6W×××××C××（外观设计无效案件）。

二、再审申请审查案件的分配

诉讼案件代理人的指派与变更与第一审案件相同，具体内容可参见本书第二章第一节"第一审案件的分配"。

三、再审申请书和书面意见的准备与提交

(一)专利复审委员会作为再审申请人申请再审的期限

专利复审委员会决定申请再审的,应当在二审判决、裁定发生法律效力六个月内向最高人民法院提出。

二审败诉报批程序完成后,专利复审委员会决定对人民法院的生效判决、裁定申请再审的,第一诉讼代理人应当在完成报批程序之日起十五日内完成再审申请书的撰写并在E系统中发送第二诉讼代理人,第二诉讼代理人应当在完成报批程序之日起三十日内完成纸件准备工作,并提交最高人民法院。

(二)专利复审委员会作为被申请人提交书面意见的期限

其他当事人提出再审申请的,专利复审委员会自收到法院转送的再审申请书副本之日起十五日内提交书面意见。❶

(三)诉讼文书的撰写

1. 再审申请书

专利复审委员会决定申请再审的,由第一诉讼代理人和第二诉讼代理人共同商定再审申请书内容,并由第一诉讼代理人负责起草再审申请书,拟定向人民法院提交的证据材料和撰写证据清单,并在诉讼代理人指派书注明的日期前将上述文件在E系统中发送第二诉讼代理人。第二诉讼代理人阅卷后,认真分析生效判决,查阅再审申请书的撰写及证据的提交情况,如果认为再审申请书的撰写和证据的提交存在不妥之处而有必要进行修改和完善时,可与第一诉讼代理人商议后,由第二诉讼代理人重新确定提交给人民法院的文本。诉

---

❶ 《行政诉讼法》对再审申请的答辩期限无明确规定,《民事诉讼法》第二百零三条规定,当事人申请再审的,应当提交再审申请书等材料。人民法院应当自收到再审申请书之日起五日内将再审申请书副本发送对方当事人。对方当事人应当自收到再审申请书副本之日起十五日内提交书面意见;不提交书面意见的,不影响人民法院审查。

讼代理人在撰写再审申请书时，对于败诉合议会议中各参会人员达成一致的指导性意见，应遵照执行。

再审申请书针对的是二审判决中存在的事实认定、法律适用等错误。

再审申请书正文主要包括诉讼请求、事实与理由。

（1）诉讼请求。

诉讼请求部分应当写明请求人民法院撤销、部分撤销的已经发生法律效力的判决、裁定的具体事项。该部分内容应当明确具体、简明扼要。

（2）事实与理由。

事实部分应当概括地叙述案情，并应对已生效判决、裁定中的错误之处重点写明，为阐述申诉理由奠定基础。已生效判决、裁定中的错误主要体现在以下三个方面：①认定事实不清；②适用法律不当；③违反法定程序等。

理由部分应当针对已生效判决、裁定存在的错误，有理有据地进行分析论证，指出错误所在，并阐明错误产生的原因。与上诉状不同的是，再审申请针对的争议焦点具有普遍性，在指出二审判决、裁定存在的问题之后，还可就这类问题从更深层次进行详细分析和说明，例如，可以从法律法规应当如何适用才符合立法本意的角度进行充分阐释，而不仅限于具体个案情况。

再审申请书模版参见表4-1。

表4-1　再审申请书模板

再审申请书
再审申请人：国家知识产权局专利复审委员会 住所地：北京海淀区北四环西路9号银谷大厦 法定代表人：×××　国家知识产权局专利复审委员会副主任 诉讼代理人：×××　国家知识产权局专利复审委员会审查员 诉讼代理人：×××　国家知识产权局专利复审委员会审查员 被申诉人（注明原审身份）：

续表

案由：专利行政纠纷

再审申请人不服北京市高级人民法院于＿＿＿＿年＿＿＿＿月＿＿＿＿日作出的维持北京知识产权法院＿＿＿＿判决和撤销专利复审委员会作出的第＿＿号无效宣告请求审查决定的＿＿＿＿号判决，依法向＿＿＿＿提出再审申请。

再审请求：

请求＿＿＿＿依法再审并撤销北京市高级人民法院＿＿＿＿号判决，维持国家知识产权局专利复审委员会作出的第　　号无效宣告请求审查决定。

事实和理由：

一、事实经过

本案涉及的是国家知识产权局专利复审委员会作出的第　　号无效宣告请求审查决定经北京知识产权法院和北京市高级人民法院两审后的行政诉讼终审判决。（简述事实经过）

二、再审理由

……

综上所述，北京市高级人民法院第　　号判决，认定事实不清，适用法律错误，审理程序违法。特请求最高人民法院依法再审，撤销第　　号判决，维持国家知识产权局专利复审委员会作出的第　　号无效宣告请求审查决定。

此　致

最高人民法院

再审申请人：国家知识产权局专利复审委员会

年　月　日

附：本再审申请书副本　　份。

2. 书面意见

其他当事人提出再审申请的，专利复审委员会作为被申请人应当自收到再审申请书副本之日起十五日内提交书面意见，此时书面意见用于表明是否同意对案件进行再审的态度及相应的事实和理由。

（四）证据材料的准备

专利复审委员会作为再审申请人，需要提交的证据材料为能够证明依法作出被诉决定的事实依据和法律依据的证据。被诉决定未依据的证据一般不再向法院提交。

专利复审委员会作为被申请人，一般无需再次提交证据。

（五）再审申请材料及书面意见的提交

再审申请材料及书面意见一般由行政诉讼处以机要交换或者其他方式向法院提交。

四、出庭

最高人民法院审查再审申请案件，可以采取书面或开庭的方式进行。出庭事宜参照本书第二章第三节"第一审案件的出庭"。

五、收到裁定后的处理

最高人民法院审查再审申请案件，以裁定的方式结案，包括裁定驳回再审申请、裁定提审或指令再审。

（一）裁定驳回再审申请

对于专利复审委员会提起再审申请的案件，驳回再审申请则意味着败诉，该情况可参照二审败诉处理流程进行处理。

对于其他当事人提起的再审申请，如果二审判决结论为维持专利复审委员会决定，驳回再审申请的裁定意味着胜诉，此情况可参照二审胜诉处理流程进行处理；如果二审判决结论为撤销专利复审委员会决定的案件,驳回再审请求的裁定意味着败诉,此情况可参照二审败诉处理流程进行处理。

第二诉讼代理人应当按照规定及时完成结案工作。

(二)裁定提审或指令再审

最高人民法院裁定提审或裁定指令再审后会向专利复审委员会送达提审或指令再审的裁定书。裁定提审或指令再审,原判决、裁定中止执行。

第二诉讼代理人应当按照规定及时完成结案工作。

第二节 再审审理阶段

法院经过再审申请审查,认为再审申请符合再审条件的,裁定提审或指令再审,这时案件进入再审审理程序。再审审理期间,原判决、裁定中止执行。

一、再审审理案件的建档立卷

案件进入再审审理阶段后,需要根据最高人民法院的提审案号,重新建档立卷。

最高人民法院再审审理案号为(20××)最高法行再××号。

专利复审委员会再审审理案件审级代码仍为"C",编号顺延。

二、再审审理案件的分配

诉讼案件代理人的指派和变更与再审申请审查案件相同,具体内容可参见本书第二章第一节"第一审案件的分配"。

三、出庭

人民法院按照审判监督程序再审的案件,发生法律效力的判决、裁定是由第一审法院作出的，按照第一审程序审理；发生法律效力的判决、裁定是由第二审法院作出的，按照第二审程序审理；上级法院按照审判监督程序提审的，按照第二审程序审理。

人民法院审理再审案件应当组成合议庭开庭审理，但按照第二审程序审理，有特殊情况或者双方当事人已经通过其他方式充分表达意见，且书面同意不开庭审理的除外。

专利复审无效行政诉讼案件的再审审理，通常采取开庭审理的方式。

四、再审判决的执行

提审或指令再审案件判决的结论为维持专利复审委员会决定的即为胜诉，第二诉讼代理人应完成相应的结案程序并及时结案。

提审或指令再审案件判决的结论为撤销专利复审委员会决定的案件，则意味着败诉，需要进行相应的败诉报批。

如果执行生效判决作出的审查决定与在后收到的撤销生效判决的再审判决结论冲突的，专利复审委员会可以基于再审判决重新作出审查决定。

第二诉讼代理人应当及时完成结案工作。

本章未详细论及的内容请参见第一审程序、第二审程序的相关规定。

第三节 再审案件工作流程图

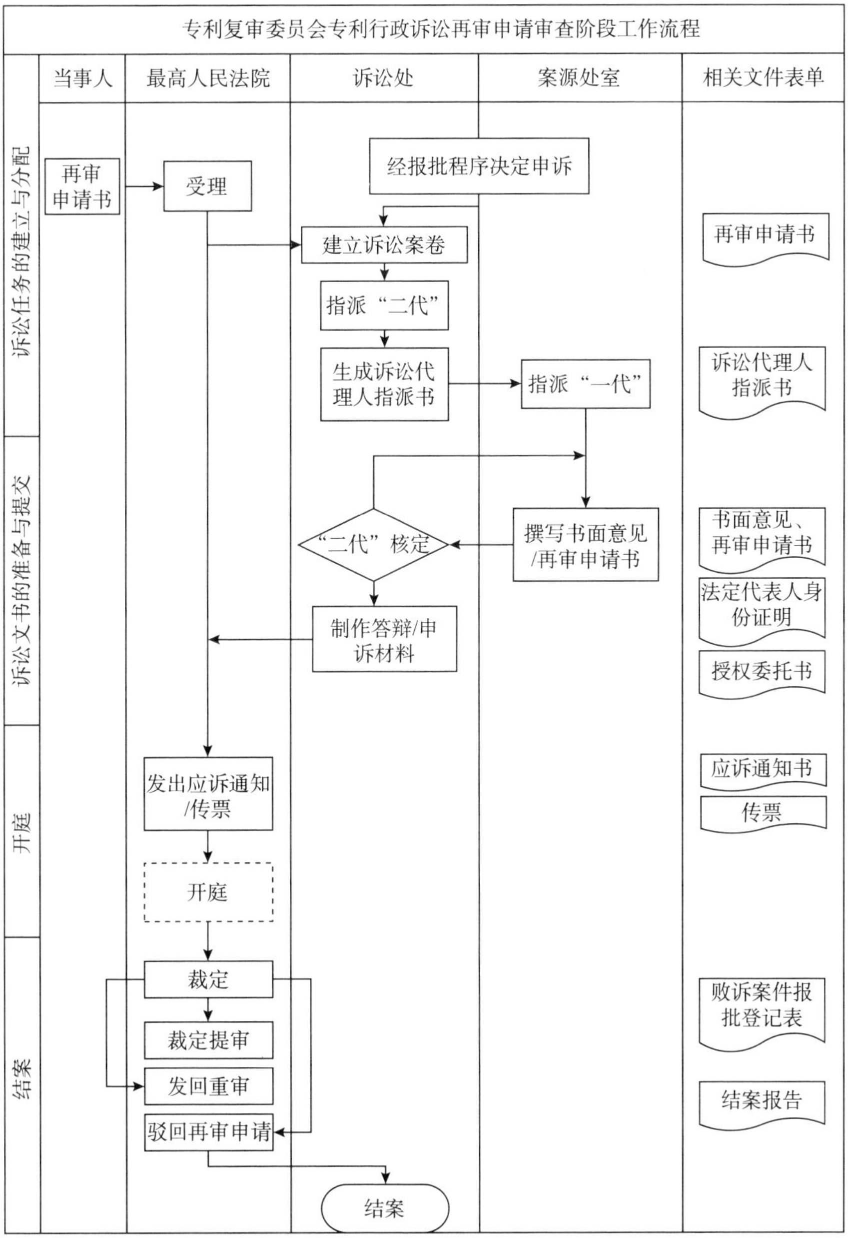

图 4-1 专利复审委员会专利行政诉讼再审申请审查阶段工作流程图

注:"一代"指第一诉讼代理人,"二代"指第二诉讼代理人。

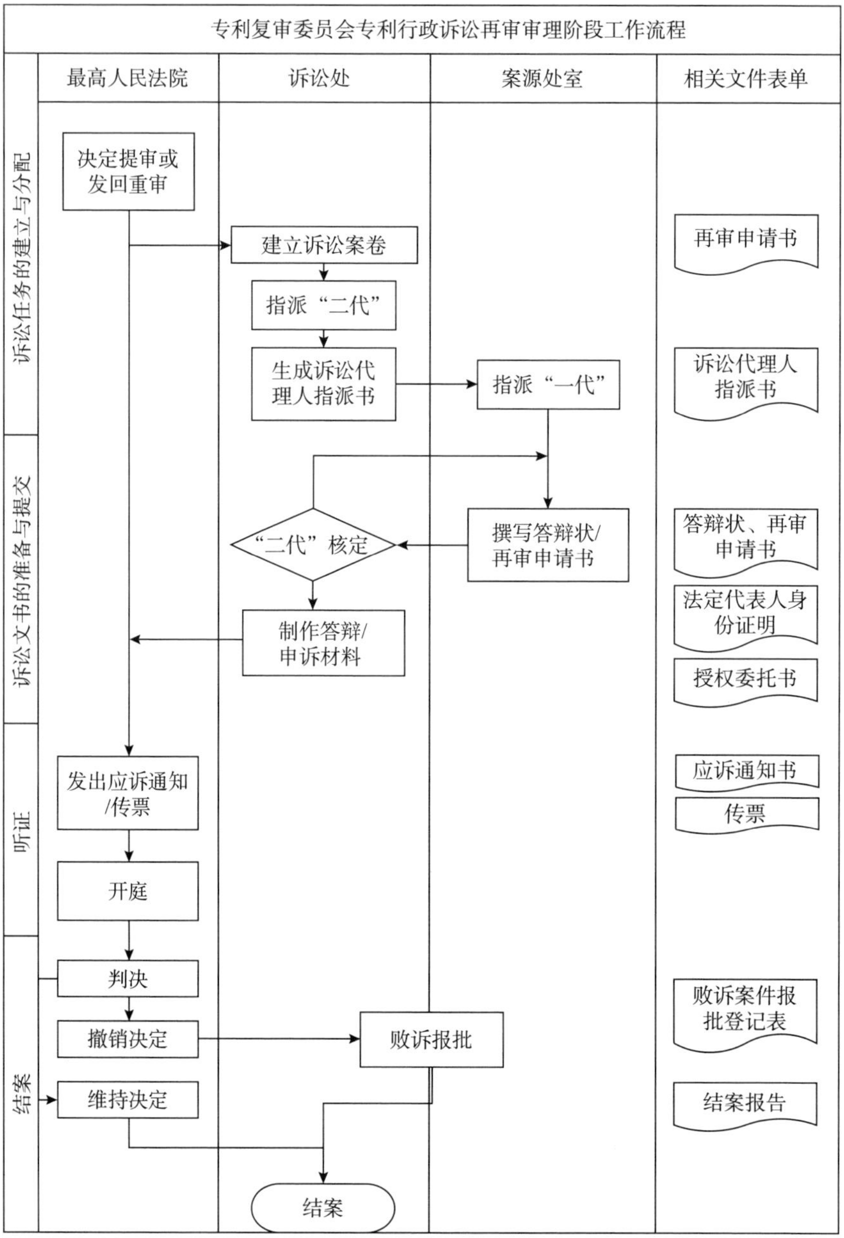

图 4-2 专利复审委员会专利行政诉讼再审审理阶段工作流程图

注："一代"指第一诉讼代理人，"二代"指第二诉讼代理人。

第五章

诉讼程序中的其他事宜

第五章 诉讼程序中的其他事宜

除前四章已经阐释说明的内容之外，专利复审无效行政诉讼程序中还有其他需要注意的事宜，本章从庭审应诉和档案管理两个方面进行说明。

第一节 庭审应诉的其他事宜

一、诉讼用车的安排

诉讼用车由行政诉讼处指定人员负责预定，并于每周四将下周开庭表统一发送至各第一诉讼代理人所属处室诉讼联络人及行政诉讼处工作人员。

各处室诉讼联络人根据开庭表通知各第一诉讼代理人开庭时间、地点以及诉讼用车出发时间。

如遇法院变更开庭时间等事宜，第一诉讼代理人和第二诉讼代理人应及时沟通，并由第二诉讼代理人负责诉讼用车的变更安排。

二、赴法院开庭的注意事项

赴人民法院开庭时诉讼代理人需按照人民法院要求携带并出示相应的证件以及开庭传票，相应的证件一般为中华人民共和国居民身份证以及其他能证明身份的有效证件，例如，机动车驾驶证或护照等。

诉讼代理人应按照人民法院的相关规定完成登记验证后安检进入。

诉讼代理人应当遵守法庭规则，维护法庭秩序；庭审中发言、陈述和辩论须经审判长许可。旁听人员必须遵守下列纪律：未经许可，不得录音、录像和摄影；不得随意走动和进入审判区；不得发言、提问；不得鼓掌、喧哗、哄闹和实施其他妨害审判的行为。

庭审过程中，诉讼代理人和旁听人员应关闭手机等通讯设备。

三、诉讼费用的缴纳

根据诉讼程序的进行情况，诉讼代理人应当及时向人民法院缴纳相应的诉讼费用。

对于需要缴纳败诉费或上诉费的案件，第二诉讼代理人应当将判决/裁定编号、书记员姓名以及收到判决/裁定日期提供给行政诉讼处指定人员，由该指定人员具体办理缴费事宜，并凭人民法院或者人民法院指定银行开具的收据到财务部门办理诉讼费报销手续。

对于专利复审委员会提起上诉且二审胜诉、发生退费的案件，行政诉讼处指定人员可凭北京市高级人民法院的退费通知单到财务部门领取收据，再到北京市高级人民法院换取支票交回财务处。

第二节　档案管理的其他事宜

一、行政诉讼用章的使用管理

行政诉讼用章即指专利复审委员会法定代表人行政诉讼专用名章和专利复审委员会行政诉讼专用章，均由行政诉讼处负责保管。

第二诉讼代理人应严格按照诉讼文书的需要使用行政诉讼用章，不得滥用。诉讼案件中需要用章的诉讼文书包括：法定代表人身份证明、授权委托书、答辩状、上诉状、申诉状以及其他以专利复审委员会名义出具的公函等。

二、法院文书的签收和归档

专利复审委收到的法院判决通常为一份纸质正本、二份纸质副本，其中一份交由行政诉讼处归档，一份交由第二诉讼代理人归入纸质行政诉讼案卷，一份交由出版社负责扫描电子件并录入 E 系统电子案卷。

随法院判决收到的送达回证和宣判笔录，均应由第二诉讼代理人签署并及时提交法院。

三、行政诉讼纸质案卷的管理

行政诉讼案件第一审立案时，由行政诉讼处书记员负责建立行政诉讼纸质案卷，并将相应诉讼文书装订入卷。行政诉讼案卷的标签中应填写委内编号和法院案号，并以不同的颜色标示审级：一审为黄色标签，二审为红色标签，再审为蓝色标签。

在指派诉讼代理人之后、案件结案之前，行政诉讼纸质案卷由第二诉讼代理人负责保存和管理，在诉讼过程中收到的中间文件均由第二诉讼代理人负责及时装订入卷。第一审案件结案四个月后以及第二审和再审案件结案一个月后，由第二诉讼代理人负责按照规定将行政诉讼纸质案卷退卷并存档。

附件

常用法律法规及司法解释

附件一 《中华人民共和国专利法》(2008年修正)

(根据 2008 年 12 月 27 日第十一届全国人民代表大会常务委员会第六次会议《关于修改〈中华人民共和国专利法〉的决定》修正)

第一章 总则

第一条 为了保护专利权人的合法权益,鼓励发明创造,推动发明创造的应用,提高创新能力,促进科学技术进步和经济社会发展,制定本法。

第二条 本法所称的发明创造是指发明、实用新型和外观设计。

发明,是指对产品、方法或者其改进所提出的新的技术方案。

实用新型,是指对产品的形状、构造或者其结合所提出的适于实用的新的技术方案。

外观设计,是指对产品的形状、图案或者其结合以及色彩与形状、图案的结合所作出的富有美感并适于工业应用的新设计。

第三条 国务院专利行政部门负责管理全国的专利工作;统一受理和审查专利申请,依法授予专利权。

省、自治区、直辖市人民政府管理专利工作的部门负责本行政区域内的专利管理工作。

第四条 申请专利的发明创造涉及国家安全或者重大利益需要保密的,按照国家有关规定办理。

第五条 对违反法律、社会公德或者妨害公共利益的发明创造,不授予专利权。

对违反法律、行政法规的规定获取或者利用遗传资源,并依赖该遗传资源完成的发明创造,不授予专利权。

第六条 执行本单位的任务或者主要是利用本单位的物质技术条件所完成的发明创造为职务发明创造。职务发明创造申请专利的权利属于该单位;申请被批准后,该单位为专利权人。

非职务发明创造,申请专利的权利属于发明人或者设计人;申请被批准后，该发明人或者设计人为专利权人。

利用本单位的物质技术条件所完成的发明创造，单位与发明人或者设计人订有合同，对申请专利的权利和专利权的归属作出约定的，从其约定。

第七条 对发明人或者设计人的非职务发明创造专利申请，任何单位或者个人不得压制。

第八条 两个以上单位或者个人合作完成的发明创造、一个单位或者个人接受其他单位或者个人委托所完成的发明创造，除另有协议的以外，申请专利的权利属于完成或者共同完成的单位或者个人；申请被批准后，申请的单位或者个人为专利权人。

第九条 同样的发明创造只能授予一项专利权。但是，同一申请人同日对同样的发明创造既申请实用新型专利又申请发明专利，先获得的实用新型专利权尚未终止，且申请人声明放弃该实用新型专利权的，可以授予发明专利权。

两个以上的申请人分别就同样的发明创造申请专利的，专利权授予最先申请的人。

第十条 专利申请权和专利权可以转让。

中国单位或者个人向外国人、外国企业或者外国其他组织转让专利申请权或者专利权的，应当依照有关法律、行政法规的规定办理手续。

转让专利申请权或者专利权的，当事人应当订立书面合同，并向国务院专利行政部门登记，由国务院专利行政部门予以公告。专利申请权或者专利权的转让自登记之日起生效。

第十一条 发明和实用新型专利权被授予后，除本法另有规定的以外，任何单位或者个人未经专利权人许可，都不得实施其专利，即不得为生产经营目的制造、使用、许诺销售、销售、进口其专利产品，或者使用其专利方法以及使用、许诺销售、销售、进口依照该专利方法直接获得的产品。

外观设计专利权被授予后，任何单位或者个人未经专利权人许可，都不得实施其专利，即不得为生产经营目的制造、许诺销售、销售、进口其外观设计专利产品。

第十二条 任何单位或者个人实施他人专利的，应当与专利权人订立实施许可合同，向专利权人支付专利使用费。被许可人无权允许合同规定以外的任何单位或者个人实施该专利。

第十三条 发明专利申请公布后，申请人可以要求实施其发明的单位或者个人支付适当的费用。

第十四条 国有企业事业单位的发明专利，对国家利益或者公共利益具有重大意义的，国务院有关主管部门和省、自治区、直辖市人民政府报经国务院批准，可以决定在批准的范围内推广应用，允许指定的单位实施，由实施单位按照国家规定向专利权人支付使用费。

第十五条 专利申请权或者专利权的共有人对权利的行使有约定的，从其约定。没有约定的，共有人可以单独实施或者以普通许可方式许可他人实施该专利；许可他人实施该专利的，收取的使用费应当在共有人之间分配。

除前款规定的情形外，行使共有的专利申请权或者专利权应当取得全体共有人的同意。

第十六条 被授予专利权的单位应当对职务发明创造的发明人或者设计人给予奖励；发明创造专利实施后，根据其推广应用的范围和取得的经济效益，对发明人或者设计人给予合理的报酬。

第十七条 发明人或者设计人有权在专利文件中写明自己是发明人或者设计人。

专利权人有权在其专利产品或者该产品的包装上标明专利标识。

第十八条 在中国没有经常居所或者营业所的外国人、外国企业或者外国其他组织在中国申请专利的，依照其所属国同中国签订的协议或者共同参加的国际条约，或者依照互惠原则，根据本法办理。

第十九条 在中国没有经常居所或者营业所的外国人、外国企业或者外国其他组织在中国申请专利和办理其他专利事务的，应当委托依法设立的专利代理机构办理。

中国单位或者个人在国内申请专利和办理其他专利事务的，可以委托依法设立的专利代理机构办理。

专利代理机构应当遵守法律、行政法规，按照被代理人的委托办理专利申请或者其他专利事务；对被代理人发明创造的内容，除专利申请已经公布或者公告的以外，负有保密责任。专利代理机构的具体管理办法由国务院规定。

第二十条 任何单位或者个人将在中国完成的发明或者实用新型向外国申请专利的，应当事先报经国务院专利行政部门进行保密审查。保密审查的程序、期限等按照国务院的规定执行。

中国单位或者个人可以根据中华人民共和国参加的有关国际条约提出专利国际申请。申请人提出专利国际申请的，应当遵守前款规定。

国务院专利行政部门依照中华人民共和国参加的有关国际条约、本法和国务院有关规定处理专利国际申请。

对违反本条第一款规定向外国申请专利的发明或者实用新型，在中国申请专利的，不授予专利权。

第二十一条 国务院专利行政部门及其专利复审委员会应当按照客观、公正、准确、及时的要求，依法处理有关专利的申请和请求。

国务院专利行政部门应当完整、准确、及时发布专利信息，定期出版专利公报。

在专利申请公布或者公告前，国务院专利行政部门的工作人员及有关人员对其内容负有保密责任。

第二章 授予专利权的条件

第二十二条 授予专利权的发明和实用新型，应当具备新颖性、创造性和实用性。

新颖性，是指该发明或者实用新型不属于现有技术；也没有任何单位或者个人就同样的发明或者实用新型在申请日以前向国务院专利行政部门提出过申请，并记载在申请日以后公布的专利申请文件或者公告的专利文件中。

创造性，是指与现有技术相比，该发明具有突出的实质性特点和显著的进步,该实用新型具有实质性特点和进步。

实用性,是指该发明或者实用新型能够制造或者使用,并且能够产生积极效果。

本法所称现有技术,是指申请日以前在国内外为公众所知的技术。

第二十三条 授予专利权的外观设计,应当不属于现有设计;也没有任何单位或者个人就同样的外观设计在申请日以前向国务院专利行政部门提出过申请,并记载在申请日以后公告的专利文件中。

授予专利权的外观设计与现有设计或者现有设计特征的组合相比,应当具有明显区别。

授予专利权的外观设计不得与他人在申请日以前已经取得的合法权利相冲突。

本法所称现有设计,是指申请日以前在国内外为公众所知的设计。

第二十四条 申请专利的发明创造在申请日以前六个月内,有下列情形之一的,不丧失新颖性:

(一)在中国政府主办或者承认的国际展览会上首次展出的;

(二)在规定的学术会议或者技术会议上首次发表的;

(三)他人未经申请人同意而泄露其内容的。

第二十五条 对下列各项,不授予专利权:

(一)科学发现;

(二)智力活动的规则和方法;

(三)疾病的诊断和治疗方法;

(四)动物和植物品种;

(五)用原子核变换方法获得的物质;

(六)对平面印刷品的图案、色彩或者二者的结合作出的主要起标识作用的设计。

对前款第(四)项所列产品的生产方法,可以依照本法规定授予专利权。

第三章 专利的申请

第二十六条 申请发明或者实用新型专利的,应当提交请求书、说明书及其摘要和权利要求书等文件。

请求书应当写明发明或者实用新型的名称,发明人的姓名,申请人姓名或者名称、地址,以及其他事项。

说明书应当对发明或者实用新型作出清楚、完整的说明,以所属技术领域的技术人员能够实现为准;必要的时候,应当有附图。摘要应当简要说明发明或者实用新型的技术要点。

权利要求书应当以说明书为依据,清楚、简要地限定要求专利保护的范围。

依赖遗传资源完成的发明创造,申请人应当在专利申请文件中说明该遗传资源的直接来源和原始来源;申请人无法说明原始来源的,应当陈述理由。

第二十七条 申请外观设计专利的,应当提交请求书、该外观设计的图片或者照片以及对该外观设计的简要说明等文件。

申请人提交的有关图片或者照片应当清楚地显示要求专利保护的产品的外观设计。

第二十八条 国务院专利行政部门收到专利申请文件之日为申请日。如果申请文件是邮寄的,以寄出的邮戳日为申请日。

第二十九条 申请人自发明或者实用新型在外国第一次提出专利申请之日起十二个月内,或者自外观设计在外国第一次提出专利申请之日起六个月内,又在中国就相同主题提出专利申请的,依照该外国同中国签订的协议或者共同参加的国际条约,或者依照相互承认优先权的原则,可以享有优先权。

申请人自发明或者实用新型在中国第一次提出专利申请之日起十二个月内,又向国务院专利行政部门就相同主题提出专利申请的,可以享有优先权。

第三十条 申请人要求优先权的,应当在申请的时候提出书面声明,并且在三个月内提交第一次提出的专利申请文件的副本;未提出书面声明或者逾期未提交专利申请文件副本的,视为未要求优先权。

第三十一条 一件发明或者实用新型专利申请应当限于一项发明或者实用新型。属于一个总的发明构思的两项以上的发明或者实用新型，可以作为一件申请提出。

一件外观设计专利申请应当限于一项外观设计。同一产品两项以上的相似外观设计，或者用于同一类别并且成套出售或者使用的产品的两项以上外观设计，可以作为一件申请提出。

第三十二条 申请人可以在被授予专利权之前随时撤回其专利申请。

第三十三条 申请人可以对其专利申请文件进行修改，但是，对发明和实用新型专利申请文件的修改不得超出原说明书和权利要求书记载的范围，对外观设计专利申请文件的修改不得超出原图片或者照片表示的范围。

第四章　专利申请的审查和批准

第三十四条 国务院专利行政部门收到发明专利申请后，经初步审查认为符合本法要求的，自申请日起满十八个月，即行公布。国务院专利行政部门可以根据申请人的请求早日公布其申请。

第三十五条 发明专利申请自申请日起三年内，国务院专利行政部门可以根据申请人随时提出的请求，对其申请进行实质审查；申请人无正当理由逾期不请求实质审查的，该申请即被视为撤回。

国务院专利行政部门认为必要的时候，可以自行对发明专利申请进行实质审查。

第三十六条 发明专利的申请人请求实质审查的时候，应当提交在申请日前与其发明有关的参考资料。

发明专利已经在外国提出过申请的，国务院专利行政部门可以要求申请人在指定期限内提交该国为审查其申请进行检索的资料或者审查结果的资料；无正当理由逾期不提交的，该申请即被视为撤回。

第三十七条 国务院专利行政部门对发明专利申请进行实质审查后，认为不符合本法规定的，应当通知申请人，要求其在指定的期限内陈述意见，或者对其申请进行修改；无正当理由逾期不答复的，该申请即被视为撤回。

第三十八条 发明专利申请经申请人陈述意见或者进行修改后，国务院专利行政部门仍然认为不符合本法规定的，应当予以驳回。

第三十九条 发明专利申请经实质审查没有发现驳回理由的，由国务院专利行政部门作出授予发明专利权的决定，发给发明专利证书，同时予以登记和公告。发明专利权自公告之日起生效。

第四十条 实用新型和外观设计专利申请经初步审查没有发现驳回理由的，由国务院专利行政部门作出授予实用新型专利权或者外观设计专利权的决定，发给相应的专利证书，同时予以登记和公告。实用新型专利权和外观设计专利权自公告之日起生效。

第四十一条 国务院专利行政部门设立专利复审委员会。专利申请人对国务院专利行政部门驳回申请的决定不服的，可以自收到通知之日起三个月内，向专利复审委员会请求复审。专利复审委员会复审后，作出决定，并通知专利申请人。

专利申请人对专利复审委员会的复审决定不服的，可以自收到通知之日起三个月内向人民法院起诉。

第五章 专利权的期限、终止和无效

第四十二条 发明专利权的期限为二十年，实用新型专利权和外观设计专利权的期限为十年，均自申请日起计算。

第四十三条 专利权人应当自被授予专利权的当年开始缴纳年费。

第四十四条 有下列情形之一的，专利权在期限届满前终止：

（一）没有按照规定缴纳年费的；

（二）专利权人以书面声明放弃其专利权的。

专利权在期限届满前终止的，由国务院专利行政部门登记和公告。

第四十五条 自国务院专利行政部门公告授予专利权之日起，任何单位或者个人认为该专利权的授予不符合本法有关规定的，可以请求专利复审委员会宣告该专利权无效。

第四十六条 专利复审委员会对宣告专利权无效的请求应当及时审查和作出决定，并通知请求人和专利权人。宣告专利权无效的决定，由国务院专利行政部门登记和公告。

对专利复审委员会宣告专利权无效或者维持专利权的决定不服的，可以自收到通知之日起三个月内向人民法院起诉。人民法院应当通知无效宣告请求程序的对方当事人作为第三人参加诉讼。

第四十七条 宣告无效的专利权视为自始即不存在。

宣告专利权无效的决定，对在宣告专利权无效前人民法院作出并已执行的专利侵权的判决、调解书，已经履行或者强制执行的专利侵权纠纷处理决定，以及已经履行的专利实施许可合同和专利权转让合同，不具有追溯力。但是因专利权人的恶意给他人造成的损失，应当给予赔偿。

依照前款规定不返还专利侵权赔偿金、专利使用费、专利权转让费，明显违反公平原则的，应当全部或者部分返还。

第六章 专利实施的强制许可

第四十八条 有下列情形之一的，国务院专利行政部门根据具备实施条件的单位或者个人的申请，可以给予实施发明专利或者实用新型专利的强制许可：

（一）专利权人自专利权被授予之日起满三年，且自提出专利申请之日起满四年，无正当理由未实施或者未充分实施其专利的；

（二）专利权人行使专利权的行为被依法认定为垄断行为，为消除或者减少该行为对竞争产生的不利影响的。

第四十九条 在国家出现紧急状态或者非常情况时，或者为了公共利益的目的，国务院专利行政部门可以给予实施发明专利或者实用新型专利的强制许可。

第五十条 为了公共健康目的，对取得专利权的药品，国务院专利行政部门可以给予制造并将其出口到符合中华人民共和国参加的有关国际条约规定的国家或者地区的强制许可。

第五十一条 一项取得专利权的发明或者实用新型比前已经取得专利权的发明或者实用新型具有显著经济意义的重大技术进步，其实施又有赖于前一发明或者实用新型的实施的，国务院专利行政部门根据后一专利权人的申请，可以给予实施前一发明或者实用新型的强制许可。

在依照前款规定给予实施强制许可的情形下，国务院专利行政部门根据前一专利权人的申请，也可以给予实施后一发明或者实用新型的强制许可。

第五十二条 强制许可涉及的发明创造为半导体技术的，其实施限于公共利益的目的和本法第四十八条第（二）项规定的情形。

第五十三条 除依照本法第四十八条第（二）项、第五十条规定给予的强制许可外，强制许可的实施应当主要为了供应国内市场。

第五十四条 依照本法第四十八条第（一）项、第五十一条规定申请强制许可的单位或者个人应当提供证据，证明其以合理的条件请求专利权人许可其实施专利，但未能在合理的时间内获得许可。

第五十五条 国务院专利行政部门作出的给予实施强制许可的决定，应当及时通知专利权人，并予以登记和公告。

给予实施强制许可的决定，应当根据强制许可的理由规定实施的范围和时间。强制许可的理由消除并不再发生时，国务院专利行政部门应当根据专利权人的请求，经审查后作出终止实施强制许可的决定。

第五十六条 取得实施强制许可的单位或者个人不享有独占的实施权，并且无权允许他人实施。

第五十七条 取得实施强制许可的单位或者个人应当付给专利权人合理的使用费，或者依照中华人民共和国参加的有关国际条约的规定处理使用费问题。付给使用费的，其数额由双方协商；双方不能达成协议的，由国务院专利行政部门裁决。

第五十八条 专利权人对国务院专利行政部门关于实施强制许可的决定不服的，专利权人和取得实施强制许可的单位或者个人对国务院专利行政部门关于实施强制许可的使用费的裁决不服的，可以自收到通知之日起三个月内向人民法院起诉。

第七章　专利权的保护

第五十九条 发明或者实用新型专利权的保护范围以其权利要求的内容为准，说明书及附图可以用于解释权利要求的内容。

外观设计专利权的保护范围以表示在图片或者照片中的该产品的外观设计为准，简要说明可以用于解释图片或者照片所表示的该产品的外观设计。

第六十条 未经专利权人许可，实施其专利，即侵犯其专利权，引起纠纷的，由当事人协商解决；不愿协商或者协商不成的，专利权人或者利害关系人可以向人民法院起诉，也可以请求管理专利工作的部门处理。管理专利工作的部门处理时，认定侵权行为成立的，可以责令侵权人立即停止侵权行为，当事人不服的，可以自收到处理通知之日起十五日内依照《中华人民共和国行政诉讼法》向人民法院起诉；侵权人期满不起诉又不停止侵权行为的，管理专利工作的部门可以申请人民法院强制执行。进行处理的管理专利工作的部门应当事人的请求，可以就侵犯专利权的赔偿数额进行调解；调解不成的，当事人可以依照《中华人民共和国民事诉讼法》向人民法院起诉。

第六十一条 专利侵权纠纷涉及新产品制造方法的发明专利的，制造同样产品的单位或者个人应当提供其产品制造方法不同于专利方法的证明。

专利侵权纠纷涉及实用新型专利或者外观设计专利的，人民法院或者管理专利工作的部门可以要求专利权人或者利害关系人出具由国务院专利行政部门对相关实用新型或者外观设计进行检索、分析和评价后作出的专利权评价报告，作为审理、处理专利侵权纠纷的证据。

第六十二条 在专利侵权纠纷中，被控侵权人有证据证明其实施的技术或者设计属于现有技术或者现有设计的，不构成侵犯专利权。

第六十三条 假冒专利的，除依法承担民事责任外，由管理专利工作的部门责令改正并予公告，没收违法所得，可以并处违法所得四倍以下的罚款；没有违法所得的，可以处二十万元以下的罚款；构成犯罪的，依法追究刑事责任。

第六十四条 管理专利工作的部门根据已经取得的证据，对涉嫌假冒专利行为进行查处时，可以询问有关当事人，调查与涉嫌违法行为有关的情况；对当事人涉嫌违法行为的场所实施现场检查；查阅、复制与涉嫌违法行为有关的合同、发票、账簿以及其他有关资料；检查与涉嫌违法行为有关的产品，对有证据证明是假冒专利的产品，可以查封或者扣押。

管理专利工作的部门依法行使前款规定的职权时，当事人应当予以协助、配合，不得拒绝、阻挠。

第六十五条 侵犯专利权的赔偿数额按照权利人因被侵权所受到的实际损失确定；实际损失难以确定的，可以按照侵权人因侵权所获得的利益确定。权利人的损失或者侵权人获得的利益难以确定的，参照该专利许可使用费的倍数合理确定。赔偿数额还应当包括权利人为制止侵权行为所支付的合理开支。

权利人的损失、侵权人获得的利益和专利许可使用费均难以确定的，人民法院可以根据专利权的类型、侵权行为的性质和情节等因素，确定给予一万元以上一百万元以下的赔偿。

第六十六条 专利权人或者利害关系人有证据证明他人正在实施或者即将实施侵犯专利权的行为，如不及时制止将会使其合法权益受到难以弥补的损害的，可以在起诉前向人民法院申请采取责令停止有关行为的措施。

申请人提出申请时，应当提供担保；不提供担保的，驳回申请。

人民法院应当自接受申请之时起四十八小时内作出裁定；有特殊情况需要延长的，可以延长四十八小时。裁定责令停止有关行为的，应当立即执行。当事人对裁定不服的，可以申请复议一次；复议期间不停止裁定的执行。

申请人自人民法院采取责令停止有关行为的措施之日起十五日内不起诉的，人民法院应当解除该措施。

申请有错误的，申请人应当赔偿被申请人因停止有关行为所遭受的损失。

第六十七条 为了制止专利侵权行为，在证据可能灭失或者以后难以取得的情况下，专利权人或者利害关系人可以在起诉前向人民法院申请保全证据。

人民法院采取保全措施，可以责令申请人提供担保；申请人不提供担保的，驳回申请。

人民法院应当自接受申请之时起四十八小时内作出裁定；裁定采取保全措施的，应当立即执行。

申请人自人民法院采取保全措施之日起十五日内不起诉的，人民法院应当解除该措施。

第六十八条 侵犯专利权的诉讼时效为二年，自专利权人或者利害关系人得知或者应当得知侵权行为之日起计算。

发明专利申请公布后至专利权授予前使用该发明未支付适当使用费的，专利权人要求支付使用费的诉讼时效为二年，自专利权人得知或者应当得知他人使用其发明之日起计算，但是，专利权人于专利权授予之日前即已得知或者应当得知的，自专利权授予之日起计算。

第六十九条 有下列情形之一的，不视为侵犯专利权：

（一）专利产品或者依照专利方法直接获得的产品，由专利权人或者经其许可的单位、个人售出后，使用、许诺销售、销售、进口该产品的；

（二）在专利申请日前已经制造相同产品、使用相同方法或者已经作好制造、使用的必要准备，并且仅在原有范围内继续制造、使用的；

（三）临时通过中国领陆、领水、领空的外国运输工具，依照其所属国同中国签订的协议或者共同参加的国际条约，或者依照互惠原则，为运输工具自身需要而在其装置和设备中使用有关专利的；

（四）专为科学研究和实验而使用有关专利的；

（五）为提供行政审批所需要的信息，制造、使用、进口专利药品或者专利医疗器械的，以及专门为其制造、进口专利药品或者专利医疗器械的。

第七十条 为生产经营目的使用、许诺销售或者销售不知道是未经专利权人许可而制造并售出的专利侵权产品，能证明该产品合法来源的，不承担赔偿责任。

第七十一条 违反本法第二十条规定向外国申请专利，泄露国家秘密的，由所在单位或者上级主管机关给予行政处分；构成犯罪的，依法追究刑事责任。

第七十二条 侵夺发明人或者设计人的非职务发明创造专利申请权和本法规定的其他权益的，由所在单位或者上级主管机关给予行政处分。

第七十三条 管理专利工作的部门不得参与向社会推荐专利产品等经营活动。

管理专利工作的部门违反前款规定的，由其上级机关或者监察机关责令改正，消除影响，有违法收入的予以没收；情节严重的，对直接负责的主管人员和其他直接责任人员依法给予行政处分。

第七十四条 从事专利管理工作的国家机关工作人员以及其他有关国家机关工作人员玩忽职守、滥用职权、徇私舞弊，构成犯罪的，依法追究刑事责任；尚不构成犯罪的，依法给予行政处分。

第八章　附则

第七十五条 向国务院专利行政部门申请专利和办理其他手续，应当按照规定缴纳费用。

第七十六条 本法自1985年4月1日起施行。

附件二 《中华人民共和国专利法实施细则》（2010 年修订）

（根据 2010 年 1 月 9 日《国务院关于修改〈中华人民共和国专利法实施细则〉的决定》修订）

第一章 总则

第一条 根据《中华人民共和国专利法》（以下简称专利法），制定本细则。

第二条 专利法和本细则规定的各种手续，应当以书面形式或者国务院专利行政部门规定的其他形式办理。

第三条 依照专利法和本细则规定提交的各种文件应当使用中文；国家有统一规定的科技术语的，应当采用规范词；外国人名、地名和科技术语没有统一中文译文的，应当注明原文。

依照专利法和本细则规定提交的各种证件和证明文件是外文的，国务院专利行政部门认为必要时，可以要求当事人在指定期限内附送中文译文；期满未附送的，视为未提交该证件和证明文件。

第四条 向国务院专利行政部门邮寄的各种文件，以寄出的邮戳日为递交日；邮戳日不清晰的，除当事人能够提出证明外，以国务院专利行政部门收到日为递交日。

国务院专利行政部门的各种文件，可以通过邮寄、直接送交或者其他方式送达当事人。当事人委托专利代理机构的，文件送交专利代理机构；未委托专利代理机构的，文件送交请求书中指明的联系人。

国务院专利行政部门邮寄的各种文件，自文件发出之日起满 15 日，推定为当事人收到文件之日。

根据国务院专利行政部门规定应当直接送交的文件，以交付日为送达日。

文件送交地址不清，无法邮寄的，可以通过公告的方式送达当事人。自公告之日起满 1 个月，该文件视为已经送达。

第五条 专利法和本细则规定的各种期限的第一日不计算在期限内。期限以年或者月计算的,以其最后一月的相应日为期限届满日;该月无相应日的,以该月最后一日为期限届满日;期限届满日是法定休假日的,以休假日后的第一个工作日为期限届满日。

第六条 当事人因不可抗拒的事由而延误专利法或者本细则规定的期限或者国务院专利行政部门指定的期限,导致其权利丧失的,自障碍消除之日起2个月内,最迟自期限届满之日起2年内,可以向国务院专利行政部门请求恢复权利。

除前款规定的情形外,当事人因其他正当理由延误专利法或者本细则规定的期限或者国务院专利行政部门指定的期限,导致其权利丧失的,可以自收到国务院专利行政部门的通知之日起2个月内向国务院专利行政部门请求恢复权利。

当事人依照本条第一款或者第二款的规定请求恢复权利的,应当提交恢复权利请求书,说明理由,必要时附具有关证明文件,并办理权利丧失前应当办理的相应手续;依照本条第二款的规定请求恢复权利的,还应当缴纳恢复权利请求费。

当事人请求延长国务院专利行政部门指定的期限的,应当在期限届满前,向国务院专利行政部门说明理由并办理有关手续。

本条第一款和第二款的规定不适用专利法第二十四条、第二十九条、第四十二条、第六十八条规定的期限。

第七条 专利申请涉及国防利益需要保密的,由国防专利机构受理并进行审查;国务院专利行政部门受理的专利申请涉及国防利益需要保密的,应当及时移交国防专利机构进行审查。经国防专利机构审查没有发现驳回理由的,由国务院专利行政部门作出授予国防专利权的决定。

国务院专利行政部门认为其受理的发明或者实用新型专利申请涉及国防利益以外的国家安全或者重大利益需要保密的,应当及时作出按照保密专利申请处理的决定,并通知申请人。保密专利申请的审查、复审以及保密专利权无效宣告的特殊程序,由国务院专利行政部门规定。

第八条 专利法第二十条所称在中国完成的发明或者实用新型，是指技术方案的实质性内容在中国境内完成的发明或者实用新型。

任何单位或者个人将在中国完成的发明或者实用新型向外国申请专利的，应当按照下列方式之一请求国务院专利行政部门进行保密审查：

（一）直接向外国申请专利或者向有关国外机构提交专利国际申请的，应当事先向国务院专利行政部门提出请求，并详细说明其技术方案；

（二）向国务院专利行政部门申请专利后拟向外国申请专利或者向有关国外机构提交专利国际申请的，应当在向外国申请专利或者向有关国外机构提交专利国际申请前向国务院专利行政部门提出请求。

向国务院专利行政部门提交专利国际申请的，视为同时提出了保密审查请求。

第九条 国务院专利行政部门收到依照本细则第八条规定递交的请求后，经过审查认为该发明或者实用新型可能涉及国家安全或者重大利益需要保密的，应当及时向申请人发出保密审查通知；申请人未在其请求递交日起4个月内收到保密审查通知的，可以就该发明或者实用新型向外国申请专利或者向有关国外机构提交专利国际申请。

国务院专利行政部门依照前款规定通知进行保密审查的，应当及时作出是否需要保密的决定，并通知申请人。申请人未在其请求递交日起6个月内收到需要保密的决定的，可以就该发明或者实用新型向外国申请专利或者向有关国外机构提交专利国际申请。

第十条 专利法第五条所称违反法律的发明创造，不包括仅其实施为法律所禁止的发明创造。

第十一条 除专利法第二十八条和第四十二条规定的情形外，专利法所称申请日，有优先权的，指优先权日。

本细则所称申请日，除另有规定的外，是指专利法第二十八条规定的申请日。

第十二条 专利法第六条所称执行本单位的任务所完成的职务

发明创造，是指：

（一）在本职工作中作出的发明创造；

（二）履行本单位交付的本职工作之外的任务所作出的发明创造；

（三）退休、调离原单位后或者劳动、人事关系终止后1年内作出的，与其在原单位承担的本职工作或者原单位分配的任务有关的发明创造。

专利法第六条所称本单位，包括临时工作单位；专利法第六条所称本单位的物质技术条件，是指本单位的资金、设备、零部件、原材料或者不对外公开的技术资料等。

第十三条 专利法所称发明人或者设计人，是指对发明创造的实质性特点作出创造性贡献的人。在完成发明创造过程中，只负责组织工作的人、为物质技术条件的利用提供方便的人或者从事其他辅助工作的人，不是发明人或者设计人。

第十四条 除依照专利法第十条规定转让专利权外，专利权因其他事由发生转移的，当事人应当凭有关证明文件或者法律文书向国务院专利行政部门办理专利权转移手续。

专利权人与他人订立的专利实施许可合同，应当自合同生效之日起3个月内向国务院专利行政部门备案。

以专利权出质的，由出质人和质权人共同向国务院专利行政部门办理出质登记。

第二章　专利的申请

第十五条 以书面形式申请专利的，应当向国务院专利行政部门提交申请文件一式两份。

以国务院专利行政部门规定的其他形式申请专利的，应当符合规定的要求。

申请人委托专利代理机构向国务院专利行政部门申请专利和办理其他专利事务的，应当同时提交委托书，写明委托权限。

申请人有2人以上且未委托专利代理机构的，除请求书中另有声明的外，以请求书中指明的第一申请人为代表人。

第十六条 发明、实用新型或者外观设计专利申请的请求书应当写明下列事项：

（一）发明、实用新型或者外观设计的名称；

（二）申请人是中国单位或者个人的，其名称或者姓名、地址、邮政编码、组织机构代码或者居民身份证件号码；申请人是外国人、外国企业或者外国其他组织的，其姓名或者名称、国籍或者注册的国家或者地区；

（三）发明人或者设计人的姓名；

（四）申请人委托专利代理机构的，受托机构的名称、机构代码以及该机构指定的专利代理人的姓名、执业证号码、联系电话；

（五）要求优先权的，申请人第一次提出专利申请（以下简称在先申请）的申请日、申请号以及原受理机构的名称；

（六）申请人或者专利代理机构的签字或者盖章；

（七）申请文件清单；

（八）附加文件清单；

（九）其他需要写明的有关事项。

第十七条 发明或者实用新型专利申请的说明书应当写明发明或者实用新型的名称，该名称应当与请求书中的名称一致。说明书应当包括下列内容：

（一）技术领域：写明要求保护的技术方案所属的技术领域；

（二）背景技术：写明对发明或者实用新型的理解、检索、审查有用的背景技术；有可能的，并引证反映这些背景技术的文件；

（三）发明内容：写明发明或者实用新型所要解决的技术问题以及解决其技术问题采用的技术方案，并对照现有技术写明发明或者实用新型的有益效果；

（四）附图说明：说明书有附图的，对各幅附图作简略说明；

（五）具体实施方式：详细写明申请人认为实现发明或者实用新型的优选方式；必要时，举例说明；有附图的，对照附图。

发明或者实用新型专利申请人应当按照前款规定的方式和顺序撰写说明书，并在说明书每一部分前面写明标题，除非其发明或者实用新型的性质用其他方式或者顺序撰写能节约说明书的篇幅并使他人能够准确理解其发明或者实用新型。

发明或者实用新型说明书应当用词规范、语句清楚，并不得使用"如权利要求……所述的……"一类的引用语，也不得使用商业性宣传用语。

发明专利申请包含一个或者多个核苷酸或者氨基酸序列的，说明书应当包括符合国务院专利行政部门规定的序列表。申请人应当将该序列表作为说明书的一个单独部分提交，并按照国务院专利行政部门的规定提交该序列表的计算机可读形式的副本。

实用新型专利申请说明书应当有表示要求保护的产品的形状、构造或者其结合的附图。

第十八条 发明或者实用新型的几幅附图应当按照"图1，图2，……"顺序编号排列。

发明或者实用新型说明书文字部分中未提及的附图标记不得在附图中出现，附图中未出现的附图标记不得在说明书文字部分中提及。申请文件中表示同一组成部分的附图标记应当一致。

附图中除必需的词语外，不应当含有其他注释。

第十九条 权利要求书应当记载发明或者实用新型的技术特征。

权利要求书有几项权利要求的，应当用阿拉伯数字顺序编号。

权利要求书中使用的科技术语应当与说明书中使用的科技术语一致，可以有化学式或者数学式，但是不得有插图。除绝对必要的外，不得使用"如说明书……部分所述"或者"如图……所示"的用语。

权利要求中的技术特征可以引用说明书附图中相应的标记，该标记应当放在相应的技术特征后并置于括号内，便于理解权利要求。附图标记不得解释为对权利要求的限制。

第二十条 权利要求书应当有独立权利要求，也可以有从属权利要求。

独立权利要求应当从整体上反映发明或者实用新型的技术方案，记载解决技术问题的必要技术特征。

从属权利要求应当用附加的技术特征，对引用的权利要求作进一步限定。

第二十一条　发明或者实用新型的独立权利要求应当包括前序部分和特征部分，按照下列规定撰写：

（一）前序部分：写明要求保护的发明或者实用新型技术方案的主题名称和发明或者实用新型主题与最接近的现有技术共有的必要技术特征；

（二）特征部分：使用"其特征是……"或者类似的用语，写明发明或者实用新型区别于最接近的现有技术的技术特征。这些特征和前序部分写明的特征合在一起，限定发明或者实用新型要求保护的范围。

发明或者实用新型的性质不适于用前款方式表达的，独立权利要求可以用其他方式撰写。

一项发明或者实用新型应当只有一个独立权利要求，并写在同一发明或者实用新型的从属权利要求之前。

第二十二条　发明或者实用新型的从属权利要求应当包括引用部分和限定部分，按照下列规定撰写：

（一）引用部分：写明引用的权利要求的编号及其主题名称；

（二）限定部分：写明发明或者实用新型附加的技术特征。

从属权利要求只能引用在前的权利要求。引用两项以上权利要求的多项从属权利要求，只能以择一方式引用在前的权利要求，并不得作为另一项多项从属权利要求的基础。

第二十三条　说明书摘要应当写明发明或者实用新型专利申请所公开内容的概要，即写明发明或者实用新型的名称和所属技术领域，并清楚地反映所要解决的技术问题、解决该问题的技术方案的要点以及主要用途。

说明书摘要可以包含最能说明发明的化学式；有附图的专利申请，还应当提供一幅最能说明该发明或者实用新型技术特征的附图。附图的大小及清晰度应当保证在该图缩小到4厘米×6厘米时，仍能清晰地分辨出图中的各个细节。摘要文字部分不得超过300个字。摘要中不得使用商业性宣传用语。

第二十四条 申请专利的发明涉及新的生物材料，该生物材料公众不能得到，并且对该生物材料的说明不足以使所属领域的技术人员实施其发明的，除应当符合专利法和本细则的有关规定外，申请人还应当办理下列手续：

（一）在申请日前或者最迟在申请日（有优先权的，指优先权日），将该生物材料的样品提交国务院专利行政部门认可的保藏单位保藏，并在申请时或者最迟自申请日起4个月内提交保藏单位出具的保藏证明和存活证明；期满未提交证明的，该样品视为未提交保藏；

（二）在申请文件中，提供有关该生物材料特征的资料；

（三）涉及生物材料样品保藏的专利申请应当在请求书和说明书中写明该生物材料的分类命名（注明拉丁文名称）、保藏该生物材料样品的单位名称、地址、保藏日期和保藏编号；申请时未写明的，应当自申请日起4个月内补正；期满未补正的，视为未提交保藏。

第二十五条 发明专利申请人依照本细则第二十四条的规定保藏生物材料样品的，在发明专利申请公布后，任何单位或者个人需要将该专利申请所涉及的生物材料作为实验目的使用的，应当向国务院专利行政部门提出请求，并写明下列事项：

（一）请求人的姓名或者名称和地址；

（二）不向其他任何人提供该生物材料的保证；

（三）在授予专利权前，只作为实验目的使用的保证。

第二十六条 专利法所称遗传资源，是指取自人体、动物、植物或者微生物等含有遗传功能单位并具有实际或者潜在价值的材料；专利法所称依赖遗传资源完成的发明创造，是指利用了遗传资源的遗传功能完成的发明创造。

就依赖遗传资源完成的发明创造申请专利的，申请人应当在请求书中予以说明，并填写国务院专利行政部门制定的表格。

第二十七条 申请人请求保护色彩的，应当提交彩色图片或者照片。

申请人应当就每件外观设计产品所需要保护的内容提交有关图

片或者照片。

第二十八条 外观设计的简要说明应当写明外观设计产品的名称、用途，外观设计的设计要点，并指定一幅最能表明设计要点的图片或者照片。省略视图或者请求保护色彩的，应当在简要说明中写明。

对同一产品的多项相似外观设计提出一件外观设计专利申请的，应当在简要说明中指定其中一项作为基本设计。

简要说明不得使用商业性宣传用语，也不能用来说明产品的性能。

第二十九条 国务院专利行政部门认为必要时，可以要求外观设计专利申请人提交使用外观设计的产品样品或者模型。样品或者模型的体积不得超过30厘米×30厘米×30厘米，重量不得超过15公斤。易腐、易损或者危险品不得作为样品或者模型提交。

第三十条 专利法第二十四条第（一）项所称中国政府承认的国际展览会，是指国际展览会公约规定的在国际展览局注册或者由其认可的国际展览会。

专利法第二十四条第（二）项所称学术会议或者技术会议，是指国务院有关主管部门或者全国性学术团体组织召开的学术会议或者技术会议。

申请专利的发明创造有专利法第二十四条第（一）项或者第（二）项所列情形的，申请人应当在提出专利申请时声明，并自申请日起2个月内提交有关国际展览会或者学术会议、技术会议的组织单位出具的有关发明创造已经展出或者发表，以及展出或者发表日期的证明文件。

申请专利的发明创造有专利法第二十四条第（三）项所列情形的，国务院专利行政部门认为必要时，可以要求申请人在指定期限内提交证明文件。

申请人未依照本条第三款的规定提出声明和提交证明文件的，或者未依照本条第四款的规定在指定期限内提交证明文件的，其申请不适用专利法第二十四条的规定。

第三十一条 申请人依照专利法第三十条的规定要求外国优先权的，申请人提交的在先申请文件副本应当经原受理机构证明。依照国务院专利行政部门与该受理机构签订的协议，国务院专利行政部门通过电子交换等途径获得在先申请文件副本的，视为申请人提交了经该受理机构证明的在先申请文件副本。要求本国优先权，申请人在请求书中写明在先申请的申请日和申请号的，视为提交了在先申请文件副本。

要求优先权，但请求书中漏写或者错写在先申请的申请日、申请号和原受理机构名称中的一项或者两项内容的，国务院专利行政部门应当通知申请人在指定期限内补正；期满未补正的，视为未要求优先权。

要求优先权的申请人的姓名或者名称与在先申请文件副本中记载的申请人姓名或者名称不一致的，应当提交优先权转让证明材料，未提交该证明材料的，视为未要求优先权。

外观设计专利申请的申请人要求外国优先权，其在先申请未包括对外观设计的简要说明，申请人按照本细则第二十八条规定提交的简要说明未超出在先申请文件的图片或者照片表示的范围的，不影响其享有优先权。

第三十二条 申请人在一件专利申请中，可以要求一项或者多项优先权；要求多项优先权的，该申请的优先权期限从最早的优先权日起计算。

申请人要求本国优先权，在先申请是发明专利申请的，可以就相同主题提出发明或者实用新型专利申请；在先申请是实用新型专利申请的，可以就相同主题提出实用新型或者发明专利申请。但是，提出后一申请时，在先申请的主题有下列情形之一的，不得作为要求本国优先权的基础：

（一）已经要求外国优先权或者本国优先权的；

（二）已经被授予专利权的；

（三）属于按照规定提出的分案申请的。

申请人要求本国优先权的，其在先申请自后一申请提出之日起即视为撤回。

第三十三条 在中国没有经常居所或者营业所的申请人，申请专利或者要求外国优先权的，国务院专利行政部门认为必要时，可以要求其提供下列文件：

（一）申请人是个人的，其国籍证明；

（二）申请人是企业或者其他组织的，其注册的国家或者地区的证明文件；

（三）申请人的所属国，承认中国单位和个人可以按照该国国民的同等条件，在该国享有专利权、优先权和其他与专利有关的权利的证明文件。

第三十四条 依照专利法第三十一条第一款规定，可以作为一件专利申请提出的属于一个总的发明构思的两项以上的发明或者实用新型，应当在技术上相互关联，包含一个或者多个相同或者相应的特定技术特征，其中特定技术特征是指每一项发明或者实用新型作为整体，对现有技术作出贡献的技术特征。

第三十五条 依照专利法第三十一条第二款规定，将同一产品的多项相似外观设计作为一件申请提出的，对该产品的其他设计应当与简要说明中指定的基本设计相似。一件外观设计专利申请中的相似外观设计不得超过10项。

专利法第三十一条第二款所称同一类别并且成套出售或者使用的产品的两项以上外观设计，是指各产品属于分类表中同一大类，习惯上同时出售或者同时使用，而且各产品的外观设计具有相同的设计构思。

将两项以上外观设计作为一件申请提出的，应当将各项外观设计的顺序编号标注在每件外观设计产品各幅图片或者照片的名称之前。

第三十六条 申请人撤回专利申请的，应当向国务院专利行政部门提出声明，写明发明创造的名称、申请号和申请日。

撤回专利申请的声明在国务院专利行政部门作好公布专利申请文件的印刷准备工作后提出的，申请文件仍予公布；但是，撤回专利申请的声明应当在以后出版的专利公报上予以公告。

第三章 专利申请的审查和批准

第三十七条 在初步审查、实质审查、复审和无效宣告程序中，实施审查和审理的人员有下列情形之一的，应当自行回避，当事人或者其他利害关系人可以要求其回避：

（一）是当事人或者其代理人的近亲属的；

（二）与专利申请或者专利权有利害关系的；

（三）与当事人或者其代理人有其他关系，可能影响公正审查和审理的；

（四）专利复审委员会成员曾参与原申请的审查的。

第三十八条 国务院专利行政部门收到发明或者实用新型专利申请的请求书、说明书（实用新型必须包括附图）和权利要求书，或者外观设计专利申请的请求书、外观设计的图片或者照片和简要说明后，应当明确申请日、给予申请号，并通知申请人。

第三十九条 专利申请文件有下列情形之一的，国务院专利行政部门不予受理，并通知申请人：

（一）发明或者实用新型专利申请缺少请求书、说明书（实用新型无附图）或者权利要求书的，或者外观设计专利申请缺少请求书、图片或者照片、简要说明的；

（二）未使用中文的；

（三）不符合本细则第一百二十一条第一款规定的；

（四）请求书中缺少申请人姓名或者名称，或者缺少地址的；

（五）明显不符合专利法第十八条或者第十九条第一款的规定的；

（六）专利申请类别（发明、实用新型或者外观设计）不明确或者难以确定的。

第四十条 说明书中写有对附图的说明但无附图或者缺少部分附图的，申请人应当在国务院专利行政部门指定的期限内补交附图或者声明取消对附图的说明。申请人补交附图的，以向国务院专利行政部门提交或者邮寄附图之日为申请日；取消对附图的说明的，保留原申请日。

第四十一条 两个以上的申请人同日（指申请日；有优先权的，指优先权日）分别就同样的发明创造申请专利的，应当在收到国务院专利行政部门的通知后自行协商确定申请人。

同一申请人在同日（指申请日）对同样的发明创造既申请实用新型专利又申请发明专利的，应当在申请时分别说明对同样的发明创造已申请了另一专利；未作说明的，依照专利法第九条第一款关于同样的发明创造只能授予一项专利权的规定处理。

国务院专利行政部门公告授予实用新型专利权，应当公告申请人已依照本条第二款的规定同时申请了发明专利的说明。

发明专利申请经审查没有发现驳回理由，国务院专利行政部门应当通知申请人在规定期限内声明放弃实用新型专利权。申请人声明放弃的，国务院专利行政部门应当作出授予发明专利权的决定，并在公告授予发明专利权时一并公告申请人放弃实用新型专利权声明。申请人不同意放弃的，国务院专利行政部门应当驳回该发明专利申请；申请人期满未答复的，视为撤回该发明专利申请。

实用新型专利权自公告授予发明专利权之日起终止。

第四十二条 一件专利申请包括两项以上发明、实用新型或者外观设计的，申请人可以在本细则第五十四条第一款规定的期限届满前，向国务院专利行政部门提出分案申请；但是，专利申请已经被驳回、撤回或者视为撤回的，不能提出分案申请。

国务院专利行政部门认为一件专利申请不符合专利法第三十一条和本细则第三十四条或者第三十五条的规定的，应当通知申请人在指定期限内对其申请进行修改；申请人期满未答复的，该申请视为撤回。

分案的申请不得改变原申请的类别。

第四十三条 依照本细则第四十二条规定提出的分案申请，可以保留原申请日，享有优先权的，可以保留优先权日，但是不得超出原申请记载的范围。

分案申请应当依照专利法及本细则的规定办理有关手续。

分案申请的请求书中应当写明原申请的申请号和申请日。提交分案申请时,申请人应当提交原申请文件副本;原申请享有优先权的,并应当提交原申请的优先权文件副本。

第四十四条 专利法第三十四条和第四十条所称初步审查,是指审查专利申请是否具备专利法第二十六条或者第二十七条规定的文件和其他必要的文件,这些文件是否符合规定的格式,并审查下列各项:

(一) 发明专利申请是否明显属于专利法第五条、第二十五条规定的情形,是否不符合专利法第十八条、第十九条第一款、第二十条第一款或者本细则第十六条、第二十六条第二款的规定,是否明显不符合专利法第二条第二款、第二十六条第五款、第三十一条第一款、第三十三条或者本细则第十七条至第二十一条的规定;

(二) 实用新型专利申请是否明显属于专利法第五条、第二十五条规定的情形,是否不符合专利法第十八条、第十九条第一款、第二十条第一款或者本细则第十六条至第十九条、第二十一条至第二十三条的规定,是否明显不符合专利法第二条第三款、第二十二条第二款、第四款、第二十六条第三款、第四款、第三十一条第一款、第三十三条或者本细则第二十条、第四十三条第一款的规定,是否依照专利法第九条规定不能取得专利权;

(三) 外观设计专利申请是否明显属于专利法第五条、第二十五条第一款第(六)项规定的情形,是否不符合专利法第十八条、第十九条第一款或者本细则第十六条、第二十七条、第二十八条的规定,是否明显不符合专利法第二条第四款、第二十三条第一款、第二十七条第二款、第三十一条第二款、第三十三条或者本细则第四十三条第一款的规定,是否依照专利法第九条规定不能取得专利权;

(四) 申请文件是否符合本细则第二条、第三条第一款的规定。

国务院专利行政部门应当将审查意见通知申请人,要求其在指定期限内陈述意见或者补正;申请人期满未答复的,其申请视为撤回。申请人陈述意见或者补正后,国务院专利行政部门仍然认为不符合前款所列各项规定的,应当予以驳回。

第四十五条 除专利申请文件外,申请人向国务院专利行政部门提交的与专利申请有关的其他文件有下列情形之一的,视为未提交:

(一)未使用规定的格式或者填写不符合规定的;

(二)未按照规定提交证明材料的。

国务院专利行政部门应当将视为未提交的审查意见通知申请人。

第四十六条 申请人请求早日公布其发明专利申请的,应当向国务院专利行政部门声明。国务院专利行政部门对该申请进行初步审查后,除予以驳回的外,应当立即将申请予以公布。

第四十七条 申请人写明使用外观设计的产品及其所属类别的,应当使用国务院专利行政部门公布的外观设计产品分类表。未写明使用外观设计的产品所属类别或者所写的类别不确切的,国务院专利行政部门可以予以补充或者修改。

第四十八条 自发明专利申请公布之日起至公告授予专利权之日止,任何人均可以对不符合专利法规定的专利申请向国务院专利行政部门提出意见,并说明理由。

第四十九条 发明专利申请人因有正当理由无法提交专利法第三十六条规定的检索资料或者审查结果资料的,应当向国务院专利行政部门声明,并在得到有关资料后补交。

第五十条 国务院专利行政部门依照专利法第三十五条第二款的规定对专利申请自行进行审查时,应当通知申请人。

第五十一条 发明专利申请人在提出实质审查请求时以及在收到国务院专利行政部门发出的发明专利申请进入实质审查阶段通知书之日起的3个月内,可以对发明专利申请主动提出修改。

实用新型或者外观设计专利申请人自申请日起2个月内,可以对实用新型或者外观设计专利申请主动提出修改。

申请人在收到国务院专利行政部门发出的审查意见通知书后对专利申请文件进行修改的,应当针对通知书指出的缺陷进行修改。

国务院专利行政部门可以自行修改专利申请文件中文字和符号的明显错误。国务院专利行政部门自行修改的,应当通知申请人。

第五十二条 发明或者实用新型专利申请的说明书或者权利要求书的修改部分,除个别文字修改或者增删外,应当按照规定格式提交替换页。外观设计专利申请的图片或者照片的修改,应当按照规定提交替换页。

第五十三条 依照专利法第三十八条的规定,发明专利申请经实质审查应当予以驳回的情形是指:

(一) 申请属于专利法第五条、第二十五条规定的情形,或者依照专利法第九条规定不能取得专利权的;

(二) 申请不符合专利法第二条第二款、第二十条第一款、第二十二条、第二十六条第三款、第四款、第五款、第三十一条第一款或者本细则第二十条第二款规定的;

(三) 申请的修改不符合专利法第三十三条规定,或者分案的申请不符合本细则第四十三条第一款的规定的。

第五十四条 国务院专利行政部门发出授予专利权的通知后,申请人应当自收到通知之日起2个月内办理登记手续。申请人按期办理登记手续的,国务院专利行政部门应当授予专利权,颁发专利证书,并予以公告。

期满未办理登记手续的,视为放弃取得专利权的权利。

第五十五条 保密专利申请经审查没有发现驳回理由的,国务院专利行政部门应当作出授予保密专利权的决定,颁发保密专利证书,登记保密专利权的有关事项。

第五十六条 授予实用新型或者外观设计专利权的决定公告后,专利法第六十条规定的专利权人或者利害关系人可以请求国务院专利行政部门作出专利权评价报告。

请求作出专利权评价报告的,应当提交专利权评价报告请求书,写明专利号。每项请求应当限于一项专利权。

专利权评价报告请求书不符合规定的,国务院专利行政部门应当通知请求人在指定期限内补正;请求人期满未补正的,视为未提出请求。

第五十七条 国务院专利行政部门应当自收到专利权评价报告

请求书后2个月内作出专利权评价报告。对同一项实用新型或者外观设计专利权，有多个请求人请求作出专利权评价报告的，国务院专利行政部门仅作出一份专利权评价报告。任何单位或者个人可以查阅或者复制该专利权评价报告。

第五十八条 国务院专利行政部门对专利公告、专利单行本中出现的错误，一经发现，应当及时更正，并对所作更正予以公告。

第四章 专利申请的复审与专利权的无效宣告

第五十九条 专利复审委员会由国务院专利行政部门指定的技术专家和法律专家组成，主任委员由国务院专利行政部门负责人兼任。

第六十条 依照专利法第四十一条的规定向专利复审委员会请求复审的，应当提交复审请求书，说明理由，必要时还应当附具有关证据。

复审请求不符合专利法第十九条第一款或者第四十一条第一款规定的，专利复审委员会不予受理，书面通知复审请求人并说明理由。

复审请求书不符合规定格式的，复审请求人应当在专利复审委员会指定的期限内补正；期满未补正的，该复审请求视为未提出。

第六十一条 请求人在提出复审请求或者在对专利复审委员会的复审通知书作出答复时，可以修改专利申请文件；但是，修改应当仅限于消除驳回决定或者复审通知书指出的缺陷。

修改的专利申请文件应当提交一式两份。

第六十二条 专利复审委员会应当将受理的复审请求书转交国务院专利行政部门原审查部门进行审查。原审查部门根据复审请求人的请求，同意撤销原决定的，专利复审委员会应当据此作出复审决定，并通知复审请求人。

第六十三条 专利复审委员会进行复审后，认为复审请求不符合专利法和本细则有关规定的，应当通知复审请求人，要求其在指定期限内陈述意见。期满未答复的，该复审请求视为撤回；经陈述意见或者进行修改后，专利复审委员会认为仍不符合专利法和本细则有关规定的，应当作出维持原驳回决定的复审决定。

专利复审委员会进行复审后，认为原驳回决定不符合专利法和本细则有关规定的，或者认为经过修改的专利申请文件消除了原驳回决定指出的缺陷的，应当撤销原驳回决定，由原审查部门继续进行审查程序。

第六十四条 复审请求人在专利复审委员会作出决定前，可以撤回其复审请求。

复审请求人在专利复审委员会作出决定前撤回其复审请求的，复审程序终止。

第六十五条 依照专利法第四十五条的规定，请求宣告专利权无效或者部分无效的，应当向专利复审委员会提交专利权无效宣告请求书和必要的证据一式两份。无效宣告请求书应当结合提交的所有证据，具体说明无效宣告请求的理由，并指明每项理由所依据的证据。

前款所称无效宣告请求的理由，是指被授予专利的发明创造不符合专利法第二条、第二十条第一款、第二十二条、第二十三条、第二十六条第三款、第四款、第二十七条第二款、第三十三条或者本细则第二十条第二款、第四十三条第一款的规定，或者属于专利法第五条、第二十五条的规定，或者依照专利法第九条规定不能取得专利权。

第六十六条 专利权无效宣告请求不符合专利法第十九条第一款或者本细则第六十五条规定的，专利复审委员会不予受理。

在专利复审委员会就无效宣告请求作出决定之后，又以同样的理由和证据请求无效宣告的，专利复审委员会不予受理。

以不符合专利法第二十三条第三款的规定为理由请求宣告外观设计专利权无效，但是未提交证明权利冲突的证据的，专利复审委员会不予受理。

专利权无效宣告请求书不符合规定格式的，无效宣告请求人应当在专利复审委员会指定的期限内补正；期满未补正的，该无效宣告请求视为未提出。

第六十七条 在专利复审委员会受理无效宣告请求后,请求人可以在提出无效宣告请求之日起1个月内增加理由或者补充证据。逾期增加理由或者补充证据的,专利复审委员会可以不予考虑。

第六十八条 专利复审委员会应当将专利权无效宣告请求书和有关文件的副本送交专利权人,要求其在指定的期限内陈述意见。

专利权人和无效宣告请求人应当在指定期限内答复专利复审委员会发出的转送文件通知书或者无效宣告请求审查通知书;期满未答复的,不影响专利复审委员会审理。

第六十九条 在无效宣告请求的审查过程中,发明或者实用新型专利的专利权人可以修改其权利要求书,但是不得扩大原专利的保护范围。

发明或者实用新型专利的专利权人不得修改专利说明书和附图,外观设计专利的专利权人不得修改图片、照片和简要说明。

第七十条 专利复审委员会根据当事人的请求或者案情需要,可以决定对无效宣告请求进行口头审理。

专利复审委员会决定对无效宣告请求进行口头审理的,应当向当事人发出口头审理通知书,告知举行口头审理的日期和地点。当事人应当在通知书指定的期限内作出答复。

无效宣告请求人对专利复审委员会发出的口头审理通知书在指定的期限内未作答复,并且不参加口头审理的,其无效宣告请求视为撤回;专利权人不参加口头审理的,可以缺席审理。

第七十一条 在无效宣告请求审查程序中,专利复审委员会指定的期限不得延长。

第七十二条 专利复审委员会对无效宣告的请求作出决定前,无效宣告请求人可以撤回其请求。

专利复审委员会作出决定之前,无效宣告请求人撤回其请求或者其无效宣告请求被视为撤回的,无效宣告请求审查程序终止。但是,专利复审委员会认为根据已进行的审查工作能够作出宣告专利权无效或者部分无效的决定的,不终止审查程序。

第五章　专利实施的强制许可

第七十三条　专利法第四十八条第（一）项所称未充分实施其专利，是指专利权人及其被许可人实施其专利的方式或者规模不能满足国内对专利产品或者专利方法的需求。

专利法第五十条所称取得专利权的药品，是指解决公共健康问题所需的医药领域中的任何专利产品或者依照专利方法直接获得的产品，包括取得专利权的制造该产品所需的活性成分以及使用该产品所需的诊断用品。

第七十四条　请求给予强制许可的，应当向国务院专利行政部门提交强制许可请求书，说明理由并附具有关证明文件。

国务院专利行政部门应当将强制许可请求书的副本送交专利权人，专利权人应当在国务院专利行政部门指定的期限内陈述意见；期满未答复的，不影响国务院专利行政部门作出决定。

国务院专利行政部门在作出驳回强制许可请求的决定或者给予强制许可的决定前，应当通知请求人和专利权人拟作出的决定及其理由。

国务院专利行政部门依照专利法第五十条的规定作出给予强制许可的决定，应当同时符合中国缔结或者参加的有关国际条约关于为了解决公共健康问题而给予强制许可的规定，但中国作出保留的除外。

第七十五条　依照专利法第五十七条的规定，请求国务院专利行政部门裁决使用费数额的，当事人应当提出裁决请求书，并附具双方不能达成协议的证明文件。国务院专利行政部门应当自收到请求书之日起3个月内作出裁决，并通知当事人。

第六章　对职务发明创造的发明人或者设计人的奖励和报酬

第七十六条　被授予专利权的单位可以与发明人、设计人约定或者在其依法制定的规章制度中规定专利法第十六条规定的奖励、报酬的方式和数额。

企业、事业单位给予发明人或者设计人的奖励、报酬，按照国家有关财务、会计制度的规定进行处理。

第七十七条 被授予专利权的单位未与发明人、设计人约定也未在其依法制定的规章制度中规定专利法第十六条规定的奖励的方式和数额的，应当自专利权公告之日起3个月内发给发明人或者设计人奖金。一项发明专利的奖金最低不少于3000元；一项实用新型专利或者外观设计专利的奖金最低不少于1000元。

由于发明人或者设计人的建议被其所属单位采纳而完成的发明创造，被授予专利权的单位应当从优发给奖金。

第七十八条 被授予专利权的单位未与发明人、设计人约定也未在其依法制定的规章制度中规定专利法第十六条规定的报酬的方式和数额的，在专利权有效期限内，实施发明创造专利后，每年应当从实施该项发明或者实用新型专利的营业利润中提取不低于2%或者从实施该项外观设计专利的营业利润中提取不低于0.2%，作为报酬给予发明人或者设计人，或者参照上述比例，给予发明人或者设计人一次性报酬；被授予专利权的单位许可其他单位或者个人实施其专利的，应当从收取的使用费中提取不低于10%，作为报酬给予发明人或者设计人。

第七章　专利权的保护

第七十九条 专利法和本细则所称管理专利工作的部门，是指由省、自治区、直辖市人民政府以及专利管理工作量大又有实际处理能力的设区的市人民政府设立的管理专利工作的部门。

第八十条 国务院专利行政部门应当对管理专利工作的部门处理专利侵权纠纷、查处假冒专利行为、调解专利纠纷进行业务指导。

第八十一条 当事人请求处理专利侵权纠纷或者调解专利纠纷的，由被请求人所在地或者侵权行为地的管理专利工作的部门管辖。

两个以上管理专利工作的部门都有管辖权的专利纠纷，当事人可以向其中一个管理专利工作的部门提出请求；当事人向两个以上有管辖权的管理专利工作的部门提出请求的，由最先受理的管理专利工作的部门管辖。

管理专利工作的部门对管辖权发生争议的，由其共同的上级人民政府管理专利工作的部门指定管辖；无共同上级人民政府管理专利工作的部门的,由国务院专利行政部门指定管辖。

第八十二条 在处理专利侵权纠纷过程中,被请求人提出无效宣告请求并被专利复审委员会受理的,可以请求管理专利工作的部门中止处理。

管理专利工作的部门认为被请求人提出的中止理由明显不能成立的,可以不中止处理。

第八十三条 专利权人依照专利法第十七条的规定,在其专利产品或者该产品的包装上标明专利标识的,应当按照国务院专利行政部门规定的方式予以标明。

专利标识不符合前款规定的,由管理专利工作的部门责令改正。

第八十四条 下列行为属于专利法第六十三条规定的假冒专利的行为:

(一)在未被授予专利权的产品或者其包装上标注专利标识,专利权被宣告无效后或者终止后继续在产品或者其包装上标注专利标识,或者未经许可在产品或者产品包装上标注他人的专利号;

(二)销售第(一)项所述产品;

(三)在产品说明书等材料中将未被授予专利权的技术或者设计称为专利技术或者专利设计,将专利申请称为专利,或者未经许可使用他人的专利号,使公众将所涉及的技术或者设计误认为是专利技术或者专利设计;

(四)伪造或者变造专利证书、专利文件或者专利申请文件;

(五)其他使公众混淆,将未被授予专利权的技术或者设计误认为是专利技术或者专利设计的行为。

专利权终止前依法在专利产品、依照专利方法直接获得的产品或者其包装上标注专利标识,在专利权终止后许诺销售、销售该产品的,不属于假冒专利行为。

销售不知道是假冒专利的产品,并且能够证明该产品合法来源的,由管理专利工作的部门责令停止销售,但免除罚款的处罚。

第八十五条 除专利法第六十条规定的外,管理专利工作的部门应当事人请求,可以对下列专利纠纷进行调解:

（一）专利申请权和专利权归属纠纷；

（二）发明人、设计人资格纠纷；

（三）职务发明创造的发明人、设计人的奖励和报酬纠纷；

（四）在发明专利申请公布后专利权授予前使用发明而未支付适当费用的纠纷；

（五）其他专利纠纷。

对于前款第（四）项所列的纠纷，当事人请求管理专利工作的部门调解的，应当在专利权被授予之后提出。

第八十六条 当事人因专利申请权或者专利权的归属发生纠纷，已请求管理专利工作的部门调解或者向人民法院起诉的，可以请求国务院专利行政部门中止有关程序。

依照前款规定请求中止有关程序的，应当向国务院专利行政部门提交请求书，并附具管理专利工作的部门或者人民法院的写明申请号或者专利号的有关受理文件副本。

管理专利工作的部门作出的调解书或者人民法院作出的判决生效后，当事人应当向国务院专利行政部门办理恢复有关程序的手续。自请求中止之日起1年内，有关专利申请权或者专利权归属的纠纷未能结案，需要继续中止有关程序的，请求人应当在该期限内请求延长中止。期满未请求延长的，国务院专利行政部门自行恢复有关程序。

第八十七条 人民法院在审理民事案件中裁定对专利申请权或者专利权采取保全措施的，国务院专利行政部门应当在收到写明申请号或者专利号的裁定书和协助执行通知书之日中止被保全的专利申请权或者专利权的有关程序。保全期限届满，人民法院没有裁定继续采取保全措施的，国务院专利行政部门自行恢复有关程序。

第八十八条 国务院专利行政部门根据本细则第八十六条和第八十七条规定中止有关程序，是指暂停专利申请的初步审查、实质审查、复审程序，授予专利权程序和专利权无效宣告程序；暂停办理放弃、变更、转移专利权或者专利申请权手续，专利权质押手续以及专利权期限届满前的终止手续等。

第八章 专利登记和专利公报

第八十九条 国务院专利行政部门设置专利登记簿,登记下列与专利申请和专利权有关的事项:

(一)专利权的授予;

(二)专利申请权、专利权的转移;

(三)专利权的质押、保全及其解除;

(四)专利实施许可合同的备案;

(五)专利权的无效宣告;

(六)专利权的终止;

(七)专利权的恢复;

(八)专利实施的强制许可;

(九)专利权人的姓名或者名称、国籍和地址的变更。

第九十条 国务院专利行政部门定期出版专利公报,公布或者公告下列内容:

(一)发明专利申请的著录事项和说明书摘要;

(二)发明专利申请的实质审查请求和国务院专利行政部门对发明专利申请自行进行实质审查的决定;

(三)发明专利申请公布后的驳回、撤回、视为撤回、视为放弃、恢复和转移;

(四)专利权的授予以及专利权的著录事项;

(五)发明或者实用新型专利的说明书摘要,外观设计专利的一幅图片或者照片;

(六)国防专利、保密专利的解密;

(七)专利权的无效宣告;

(八)专利权的终止、恢复;

(九)专利权的转移;

(十)专利实施许可合同的备案;

(十一)专利权的质押、保全及其解除;

(十二)专利实施的强制许可的给予;

(十三)专利权人的姓名或者名称、地址的变更;

（十四）文件的公告送达；

（十五）国务院专利行政部门作出的更正；

（十六）其他有关事项。

第九十一条 国务院专利行政部门应当提供专利公报、发明专利申请单行本以及发明专利、实用新型专利、外观设计专利单行本，供公众免费查阅。

第九十二条 国务院专利行政部门负责按照互惠原则与其他国家、地区的专利机关或者区域性专利组织交换专利文献。

第九章 费用

第九十三条 向国务院专利行政部门申请专利和办理其他手续时，应当缴纳下列费用：

（一）申请费、申请附加费、公布印刷费、优先权要求费；

（二）发明专利申请实质审查费、复审费；

（三）专利登记费、公告印刷费、年费；

（四）恢复权利请求费、延长期限请求费；

（五）著录事项变更费、专利权评价报告请求费、无效宣告请求费。

前款所列各种费用的缴纳标准，由国务院价格管理部门、财政部门会同国务院专利行政部门规定。

第九十四条 专利法和本细则规定的各种费用，可以直接向国务院专利行政部门缴纳，也可以通过邮局或者银行汇付，或者以国务院专利行政部门规定的其他方式缴纳。

通过邮局或者银行汇付的，应当在送交国务院专利行政部门的汇单上写明正确的申请号或者专利号以及缴纳的费用名称。不符合本款规定的，视为未办理缴费手续。

直接向国务院专利行政部门缴纳费用的，以缴纳当日为缴费日；以邮局汇付方式缴纳费用的，以邮局汇出的邮戳日为缴费日；以银行汇付方式缴纳费用的，以银行实际汇出日为缴费日。

多缴、重缴、错缴专利费用的，当事人可以自缴费日起3年内，向国务院专利行政部门提出退款请求，国务院专利行政部门应当予以退还。

第九十五条　申请人应当自申请日起2个月内或者在收到受理通知书之日起15日内缴纳申请费、公布印刷费和必要的申请附加费；期满未缴纳或者未缴足的，其申请视为撤回。

申请人要求优先权的，应当在缴纳申请费的同时缴纳优先权要求费；期满未缴纳或者未缴足的，视为未要求优先权。

第九十六条　当事人请求实质审查或者复审的，应当在专利法及本细则规定的相关期限内缴纳费用；期满未缴纳或者未缴足的，视为未提出请求。

第九十七条　申请人办理登记手续时，应当缴纳专利登记费、公告印刷费和授予专利权当年的年费；期满未缴纳或者未缴足的，视为未办理登记手续。

第九十八条　授予专利权当年以后的年费应当在上一年度期满前缴纳。专利权人未缴纳或者未缴足的，国务院专利行政部门应当通知专利权人自应当缴纳年费期满之日起6个月内补缴，同时缴纳滞纳金；滞纳金的金额按照每超过规定的缴费时间1个月，加收当年全额年费的5%计算；期满未缴纳的，专利权自应当缴纳年费期满之日起终止。

第九十九条　恢复权利请求费应当在本细则规定的相关期限内缴纳；期满未缴纳或者未缴足的，视为未提出请求。

延长期限请求费应当在相应期限届满之日前缴纳；期满未缴纳或者未缴足的，视为未提出请求。

著录事项变更费、专利权评价报告请求费、无效宣告请求费应当自提出请求之日起1个月内缴纳；期满未缴纳或者未缴足的，视为未提出请求。

第一百条　申请人或者专利权人缴纳本细则规定的各种费用有困难的，可以按照规定向国务院专利行政部门提出减缴或者缓缴的请求。减缴或者缓缴的办法由国务院财政部门会同国务院价格管理部门、国务院专利行政部门规定。

第十章　关于国际申请的特别规定

第一百零一条　国务院专利行政部门根据专利法第二十条规定，

受理按照专利合作条约提出的专利国际申请。

按照专利合作条约提出并指定中国的专利国际申请（以下简称国际申请）进入国务院专利行政部门处理阶段（以下称进入中国国家阶段）的条件和程序适用本章的规定；本章没有规定的，适用专利法及本细则其他各章的有关规定。

第一百零二条 按照专利合作条约已确定国际申请日并指定中国的国际申请，视为向国务院专利行政部门提出的专利申请，该国际申请日视为专利法第二十八条所称的申请日。

第一百零三条 国际申请的申请人应当在专利合作条约第二条所称的优先权日（本章简称优先权日）起30个月内，向国务院专利行政部门办理进入中国国家阶段的手续；申请人未在该期限内办理该手续的，在缴纳宽限费后，可以在自优先权日起32个月内办理进入中国国家阶段的手续。

第一百零四条 申请人依照本细则第一百零三条的规定办理进入中国国家阶段的手续的，应当符合下列要求：

（一）以中文提交进入中国国家阶段的书面声明，写明国际申请号和要求获得的专利权类型；

（二）缴纳本细则第九十三条第一款规定的申请费、公布印刷费，必要时缴纳本细则第一百零三条规定的宽限费；

（三）国际申请以外文提出的，提交原始国际申请的说明书和权利要求书的中文译文；

（四）在进入中国国家阶段的书面声明中写明发明创造的名称，申请人姓名或者名称、地址和发明人的姓名，上述内容应当与世界知识产权组织国际局（以下简称国际局）的记录一致；国际申请中未写明发明人的，在上述声明中写明发明人的姓名；

（五）国际申请以外文提出的，提交摘要的中文译文，有附图和摘要附图的，提交附图副本和摘要附图副本，附图中有文字的，将其替换为对应的中文文字；国际申请以中文提出的，提交国际公布文件中的摘要和摘要附图副本；

（六）在国际阶段向国际局已办理申请人变更手续的，提供变更后的申请人享有申请权的证明材料；

（七）必要时缴纳本细则第九十三条第一款规定的申请附加费。

符合本条第一款第（一）项至第（三）项要求的，国务院专利行政部门应当给予申请号，明确国际申请进入中国国家阶段的日期（以下简称进入日），并通知申请人其国际申请已进入中国国家阶段。

国际申请已进入中国国家阶段，但不符合本条第一款第（四）项至第（七）项要求的，国务院专利行政部门应当通知申请人在指定期限内补正；期满未补正的，其申请视为撤回。

第一百零五条 国际申请有下列情形之一的，其在中国的效力终止：

（一）在国际阶段，国际申请被撤回或者被视为撤回，或者国际申请对中国的指定被撤回的；

（二）申请人未在优先权日起32个月内按照本细则第一百零三条规定办理进入中国国家阶段手续的；

（三）申请人办理进入中国国家阶段的手续，但自优先权日起32个月期限届满仍不符合本细则第一百零四条第（一）项至第（三）项要求的。

依照前款第（一）项的规定，国际申请在中国的效力终止的，不适用本细则第六条的规定；依照前款第（二）项、第（三）项的规定，国际申请在中国的效力终止的，不适用本细则第六条第二款的规定。

第一百零六条 国际申请在国际阶段作过修改，申请人要求以经修改的申请文件为基础进行审查的，应当自进入日起2个月内提交修改部分的中文译文。在该期间内未提交中文译文的，对申请人在国际阶段提出的修改，国务院专利行政部门不予考虑。

第一百零七条 国际申请涉及的发明创造有专利法第二十四条第（一）项或者第（二）项所列情形之一，在提出国际申请时作过声明的，申请人应当在进入中国国家阶段的书面声明中予以说明，并自进入日起2个月内提交本细则第三十条第三款规定的有关证明文件；未予说明或者期满未提交证明文件的，其申请不适用专利法第二十四条的规定。

第一百零八条 申请人按照专利合作条约的规定，对生物材料样品的保藏已作出说明的，视为已经满足了本细则第二十四条第（三）项的要求。申请人应当在进入中国国家阶段声明中指明记载生物材料样品保藏事项的文件以及在该文件中的具体记载位置。

申请人在原始提交的国际申请的说明书中已记载生物材料样品保藏事项，但是没有在进入中国国家阶段声明中指明的，应当自进入日起4个月内补正。期满未补正的，该生物材料视为未提交保藏。

申请人自进入日起4个月内向国务院专利行政部门提交生物材料样品保藏证明和存活证明的，视为在本细则第二十四条第（一）项规定的期限内提交。

第一百零九条 国际申请涉及的发明创造依赖遗传资源完成的，申请人应当在国际申请进入中国国家阶段的书面声明中予以说明，并填写国务院专利行政部门制定的表格。

第一百一十条 申请人在国际阶段已要求一项或者多项优先权，在进入中国国家阶段时该优先权要求继续有效的，视为已经依照专利法第三十条的规定提出了书面声明。

申请人应当自进入日起2个月内缴纳优先权要求费；期满未缴纳或者未缴足的，视为未要求该优先权。

申请人在国际阶段已依照专利合作条约的规定，提交过在先申请文件副本的，办理进入中国国家阶段手续时不需要向国务院专利行政部门提交在先申请文件副本。申请人在国际阶段未提交在先申请文件副本的，国务院专利行政部门认为必要时，可以通知申请人在指定期限内补交；申请人期满未补交的，其优先权要求视为未提出。

第一百一十一条 在优先权日起30个月期满前要求国务院专利行政部门提前处理和审查国际申请的，申请人除应当办理进入中国国家阶段手续外，还应当依照专利合作条约第二十三条第二款规定提出请求。国际局尚未向国务院专利行政部门传送国际申请的，申请人应当提交经确认的国际申请副本。

第一百一十二条 要求获得实用新型专利权的国际申请，申请人可以自进入日起2个月内对专利申请文件主动提出修改。

要求获得发明专利权的国际申请，适用本细则第五十一条第一款的规定。

第一百一十三条 申请人发现提交的说明书、权利要求书或者附图中的文字的中文译文存在错误的，可以在下列规定期限内依照原始国际申请文本提出改正：

（一）在国务院专利行政部门作好公布发明专利申请或者公告实用新型专利权的准备工作之前；

（二）在收到国务院专利行政部门发出的发明专利申请进入实质审查阶段通知书之日起3个月内。

申请人改正译文错误的，应当提出书面请求并缴纳规定的译文改正费。

申请人按照国务院专利行政部门的通知书的要求改正译文的，应当在指定期限内办理本条第二款规定的手续；期满未办理规定手续的，该申请视为撤回。

第一百一十四条 对要求获得发明专利权的国际申请，国务院专利行政部门经初步审查认为符合专利法和本细则有关规定的，应当在专利公报上予以公布；国际申请以中文以外的文字提出的，应当公布申请文件的中文译文。

要求获得发明专利权的国际申请，由国际局以中文进行国际公布的，自国际公布日起适用专利法第十三条的规定；由国际局以中文以外的文字进行国际公布的，自国务院专利行政部门公布之日起适用专利法第十三条的规定。

对国际申请，专利法第二十一条和第二十二条中所称的公布是指本条第一款所规定的公布。

第一百一十五条 国际申请包含两项以上发明或者实用新型的，申请人可以自进入日起，依照本细则第四十二条第一款的规定提出分案申请。

在国际阶段，国际检索单位或者国际初步审查单位认为国际申请不符合专利合作条约规定的单一性要求时，申请人未按照规定缴纳附加费，导致国际申请某些部分未经国际检索或者未经国际初步审查，在进入中国国家阶段时，申请人要求将所述部分作为审查基础，国务院专利行政部门认为国际检索单位或者国际初步审查单位对发明单一性的判断正确的，应当通知申请人在指定期限内缴纳单一性恢复费。期满未缴纳或者未足额缴纳的，国际申请中未经检索或者未经国际初步审查的部分视为撤回。

第一百一十六条 国际申请在国际阶段被有关国际单位拒绝给予国际申请日或者宣布视为撤回的，申请人在收到通知之日起2个月内，可以请求国际局将国际申请档案中任何文件的副本转交国务院专利行政部门，并在该期限内向国务院专利行政部门办理本细则第一百零三条规定的手续，国务院专利行政部门应当在接到国际局传送的文件后，对国际单位作出的决定是否正确进行复查。

第一百一十七条 基于国际申请授予的专利权，由于译文错误，致使依照专利法第五十九条规定确定的保护范围超出国际申请的原文所表达的范围的，以依据原文限制后的保护范围为准；致使保护范围小于国际申请的原文所表达的范围的，以授权时的保护范围为准。

第十一章 附则

第一百一十八条 经国务院专利行政部门同意，任何人均可以查阅或者复制已经公布或者公告的专利申请的案卷和专利登记簿，并可以请求国务院专利行政部门出具专利登记簿副本。

已视为撤回、驳回和主动撤回的专利申请的案卷，自该专利申请失效之日起满2年后不予保存。

已放弃、宣告全部无效和终止的专利权的案卷，自该专利权失效之日起满3年后不予保存。

第一百一十九条 向国务院专利行政部门提交申请文件或者办理各种手续，应当由申请人、专利权人、其他利害关系人或者其代表人签字或者盖章；委托专利代理机构的，由专利代理机构盖章。

请求变更发明人姓名、专利申请人和专利权人的姓名或者名称、国籍和地址、专利代理机构的名称、地址和代理人姓名的，应当向国务院专利行政部门办理著录事项变更手续，并附具变更理由的证明材料。

第一百二十条 向国务院专利行政部门邮寄有关申请或者专利权的文件,应当使用挂号信函,不得使用包裹。

除首次提交专利申请文件外,向国务院专利行政部门提交各种文件、办理各种手续的,应当标明申请号或者专利号、发明创造名称和申请人或者专利权人姓名或者名称。

一件信函中应当只包含同一申请的文件。

第一百二十一条 各类申请文件应当打字或者印刷,字迹呈黑色,整齐清晰,并不得涂改。附图应当用制图工具和黑色墨水绘制,线条应当均匀清晰,并不得涂改。

请求书、说明书、权利要求书、附图和摘要应当分别用阿拉伯数字顺序编号。

申请文件的文字部分应当横向书写。纸张限于单面使用。

第一百二十二条 国务院专利行政部门根据专利法和本细则制定专利审查指南。

第一百二十三条 本细则自 2001 年 7 月 1 日起施行。1992 年 12 月 12 日国务院批准修订、1992 年 12 月 21 日中国专利局发布的《中华人民共和国专利法实施细则》同时废止。

附件三 《中华人民共和国行政诉讼法》（2014年修正）

（1989年4月4日第七届全国人民代表大会第二次会议通过 根据2014年11月1日第十二届全国人民代表大会常务委员会第十一次会议《关于修改〈中华人民共和国行政诉讼法〉的决定》修正）

第一章 总则

第一条 为保证人民法院公正、及时审理行政案件，解决行政争议，保护公民、法人和其他组织的合法权益，监督行政机关依法行使职权，根据宪法，制定本法。

第二条 公民、法人或者其他组织认为行政机关和行政机关工作人员的行政行为侵犯其合法权益，有权依照本法向人民法院提起诉讼。

前款所称行政行为，包括法律、法规、规章授权的组织作出的行政行为。

第三条 人民法院应当保障公民、法人和其他组织的起诉权利，对应当受理的行政案件依法受理。

行政机关及其工作人员不得干预、阻碍人民法院受理行政案件。

被诉行政机关负责人应当出庭应诉。不能出庭的，应当委托行政机关相应的工作人员出庭。

第四条 人民法院依法对行政案件独立行使审判权，不受行政机关、社会团体和个人的干涉。

人民法院设行政审判庭，审理行政案件。

第五条 人民法院审理行政案件，以事实为根据，以法律为准绳。

第六条 人民法院审理行政案件，对行政行为是否合法进行审查。

第七条 人民法院审理行政案件，依法实行合议、回避、公开审判和两审终审制度。

第八条 当事人在行政诉讼中的法律地位平等。

第九条 各民族公民都有用本民族语言、文字进行行政诉讼的权利。

在少数民族聚居或者多民族共同居住的地区，人民法院应当用当地民族通用的语言、文字进行审理和发布法律文书。

人民法院应当对不通晓当地民族通用的语言、文字的诉讼参与人提供翻译。

第十条 当事人在行政诉讼中有权进行辩论。

第十一条 人民检察院有权对行政诉讼实行法律监督。

第二章 受案范围

第十二条 人民法院受理公民、法人或者其他组织提起的下列诉讼：

（一）对行政拘留、暂扣或者吊销许可证和执照、责令停产停业、没收违法所得、没收非法财物、罚款、警告等行政处罚不服的；

（二）对限制人身自由或者对财产的查封、扣押、冻结等行政强制措施和行政强制执行不服的；

（三）申请行政许可，行政机关拒绝或者在法定期限内不予答复，或者对行政机关作出的有关行政许可的其他决定不服的；

（四）对行政机关作出的关于确认土地、矿藏、水流、森林、山岭、草原、荒地、滩涂、海域等自然资源的所有权或者使用权的决定不服的；

（五）对征收、征用决定及其补偿决定不服的；

（六）申请行政机关履行保护人身权、财产权等合法权益的法定职责，行政机关拒绝履行或者不予答复的；

（七）认为行政机关侵犯其经营自主权或者农村土地承包经营权、农村土地经营权的；

（八）认为行政机关滥用行政权力排除或者限制竞争的；

（九）认为行政机关违法集资、摊派费用或者违法要求履行其他义务的；

（十）认为行政机关没有依法支付抚恤金、最低生活保障待遇或者社会保险待遇的；

（十一）认为行政机关不依法履行、未按照约定履行或者违法变更、解除政府特许经营协议、土地房屋征收补偿协议等协议的；

（十二）认为行政机关侵犯其他人身权、财产权等合法权益的。

除前款规定外，人民法院受理法律、法规规定可以提起诉讼的其他行政案件。

第十三条 人民法院不受理公民、法人或者其他组织对下列事项提起的诉讼：

（一）国防、外交等国家行为；

（二）行政法规、规章或者行政机关制定、发布的具有普遍约束力的决定、命令；

（三）行政机关对行政机关工作人员的奖惩、任免等决定；

（四）法律规定由行政机关最终裁决的行政行为。

第三章 管辖

第十四条 基层人民法院管辖第一审行政案件。

第十五条 中级人民法院管辖下列第一审行政案件：

（一）对国务院部门或者县级以上地方人民政府所作的行政行为提起诉讼的案件；

（二）海关处理的案件；

（三）本辖区内重大、复杂的案件；

（四）其他法律规定由中级人民法院管辖的案件。

第十六条 高级人民法院管辖本辖区内重大、复杂的第一审行政案件。

第十七条 最高人民法院管辖全国范围内重大、复杂的第一审行政案件。

第十八条 行政案件由最初作出行政行为的行政机关所在地人民法院管辖。经复议的案件，也可以由复议机关所在地人民法院管辖。

经最高人民法院批准，高级人民法院可以根据审判工作的实际情况，确定若干人民法院跨行政区域管辖行政案件。

第十九条　对限制人身自由的行政强制措施不服提起的诉讼，由被告所在地或者原告所在地人民法院管辖。

第二十条　因不动产提起的行政诉讼，由不动产所在地人民法院管辖。

第二十一条　两个以上人民法院都有管辖权的案件，原告可以选择其中一个人民法院提起诉讼。原告向两个以上有管辖权的人民法院提起诉讼的，由最先立案的人民法院管辖。

第二十二条　人民法院发现受理的案件不属于本院管辖的，应当移送有管辖权的人民法院，受移送的人民法院应当受理。受移送的人民法院认为受移送的案件按照规定不属于本院管辖的，应当报请上级人民法院指定管辖，不得再自行移送。

第二十三条　有管辖权的人民法院由于特殊原因不能行使管辖权的，由上级人民法院指定管辖。

人民法院对管辖权发生争议，由争议双方协商解决。协商不成的，报它们的共同上级人民法院指定管辖。

第二十四条　上级人民法院有权审理下级人民法院管辖的第一审行政案件。

下级人民法院对其管辖的第一审行政案件，认为需要由上级人民法院审理或者指定管辖的，可以报请上级人民法院决定。

第四章　诉讼参加人

第二十五条　行政行为的相对人以及其他与行政行为有利害关系的公民、法人或者其他组织，有权提起诉讼。

有权提起诉讼的公民死亡，其近亲属可以提起诉讼。

有权提起诉讼的法人或者其他组织终止，承受其权利的法人或者其他组织可以提起诉讼。

第二十六条　公民、法人或者其他组织直接向人民法院提起诉讼的，作出行政行为的行政机关是被告。

经复议的案件，复议机关决定维持原行政行为的，作出原行政行为的行政机关和复议机关是共同被告；复议机关改变原行政行为的，复议机关是被告。

复议机关在法定期限内未作出复议决定，公民、法人或者其他组织起诉原行政行为的，作出原行政行为的行政机关是被告；起诉复议机关不作为的，复议机关是被告。

两个以上行政机关作出同一行政行为的，共同作出行政行为的行政机关是共同被告。

行政机关委托的组织所作的行政行为，委托的行政机关是被告。

行政机关被撤销或者职权变更的，继续行使其职权的行政机关是被告。

第二十七条 当事人一方或者双方为二人以上，因同一行政行为发生的行政案件，或者因同类行政行为发生的行政案件、人民法院认为可以合并审理并经当事人同意的，为共同诉讼。

第二十八条 当事人一方人数众多的共同诉讼，可以由当事人推选代表人进行诉讼。代表人的诉讼行为对其所代表的当事人发生效力，但代表人变更、放弃诉讼请求或者承认对方当事人的诉讼请求，应当经被代表的当事人同意。

第二十九条 公民、法人或者其他组织同被诉行政行为有利害关系但没有提起诉讼，或者同案件处理结果有利害关系的，可以作为第三人申请参加诉讼，或者由人民法院通知参加诉讼。

人民法院判决第三人承担义务或者减损第三人权益的，第三人有权依法提起上诉。

第三十条 没有诉讼行为能力的公民，由其法定代理人代为诉讼。法定代理人互相推诿代理责任的，由人民法院指定其中一人代为诉讼。

第三十一条 当事人、法定代理人，可以委托一至二人作为诉讼代理人。

下列人员可以被委托为诉讼代理人：

（一）律师、基层法律服务工作者；

（二）当事人的近亲属或者工作人员；

（三）当事人所在社区、单位以及有关社会团体推荐的公民。

第三十二条 代理诉讼的律师，有权按照规定查阅、复制本案有关材料,有权向有关组织和公民调查,收集与本案有关的证据。对涉及国家秘密、商业秘密和个人隐私的材料,应当依照法律规定保密。

当事人和其他诉讼代理人有权按照规定查阅、复制本案庭审材料,但涉及国家秘密、商业秘密和个人隐私的内容除外。

第五章 证据

第三十三条 证据包括:

(一)书证;

(二)物证;

(三)视听资料;

(四)电子数据;

(五)证人证言;

(六)当事人的陈述;

(七)鉴定意见;

(八)勘验笔录、现场笔录。

以上证据经法庭审查属实,才能作为认定案件事实的根据。

第三十四条 被告对作出的行政行为负有举证责任,应当提供作出该行政行为的证据和所依据的规范性文件。

被告不提供或者无正当理由逾期提供证据,视为没有相应证据。但是,被诉行政行为涉及第三人合法权益,第三人提供证据的除外。

第三十五条 在诉讼过程中,被告及其诉讼代理人不得自行向原告、第三人和证人收集证据。

第三十六条 被告在作出行政行为时已经收集了证据,但因不可抗力等正当事由不能提供的,经人民法院准许,可以延期提供。

原告或者第三人提出了其在行政处理程序中没有提出的理由或者证据的,经人民法院准许,被告可以补充证据。

第三十七条 原告可以提供证明行政行为违法的证据。原告提供的证据不成立的,不免除被告的举证责任。

第三十八条 在起诉被告不履行法定职责的案件中,原告应当提供其向被告提出申请的证据。但有下列情形之一的除外:

（一）被告应当依职权主动履行法定职责的；

（二）原告因正当理由不能提供证据的。

在行政赔偿、补偿的案件中，原告应当对行政行为造成的损害提供证据。因被告的原因导致原告无法举证的，由被告承担举证责任。

第三十九条 人民法院有权要求当事人提供或者补充证据。

第四十条 人民法院有权向有关行政机关以及其他组织、公民调取证据。但是，不得为证明行政行为的合法性调取被告作出行政行为时未收集的证据。

第四十一条 与本案有关的下列证据，原告或者第三人不能自行收集的，可以申请人民法院调取：

（一）由国家机关保存而须由人民法院调取的证据；

（二）涉及国家秘密、商业秘密和个人隐私的证据；

（三）确因客观原因不能自行收集的其他证据。

第四十二条 在证据可能灭失或者以后难以取得的情况下，诉讼参加人可以向人民法院申请保全证据，人民法院也可以主动采取保全措施。

第四十三条 证据应当在法庭上出示，并由当事人互相质证。对涉及国家秘密、商业秘密和个人隐私的证据，不得在公开开庭时出示。

人民法院应当按照法定程序，全面、客观地审查核实证据。对未采纳的证据应当在裁判文书中说明理由。

以非法手段取得的证据，不得作为认定案件事实的根据。

第六章 起诉和受理

第四十四条 对属于人民法院受案范围的行政案件，公民、法人或者其他组织可以先向行政机关申请复议，对复议决定不服的，再向人民法院提起诉讼；也可以直接向人民法院提起诉讼。

法律、法规规定应当先向行政机关申请复议，对复议决定不服再向人民法院提起诉讼的，依照法律、法规的规定。

第四十五条 公民、法人或者其他组织不服复议决定的，可以在收到复议决定书之日起十五日内向人民法院提起诉讼。复议机关逾期不作决定的，申请人可以在复议期满之日起十五日内向人民法院提起诉讼。法律另有规定的除外。

第四十六条 公民、法人或者其他组织直接向人民法院提起诉讼的，应当自知道或者应当知道作出行政行为之日起六个月内提出。法律另有规定的除外。

因不动产提起诉讼的案件自行政行为作出之日起超过二十年，其他案件自行政行为作出之日起超过五年提起诉讼的，人民法院不予受理。

第四十七条 公民、法人或者其他组织申请行政机关履行保护其人身权、财产权等合法权益的法定职责，行政机关在接到申请之日起两个月内不履行的，公民、法人或者其他组织可以向人民法院提起诉讼。法律、法规对行政机关履行职责的期限另有规定的，从其规定。

公民、法人或者其他组织在紧急情况下请求行政机关履行保护其人身权、财产权等合法权益的法定职责，行政机关不履行的，提起诉讼不受前款规定期限的限制。

第四十八条 公民、法人或者其他组织因不可抗力或者其他不属于其自身的原因耽误起诉期限的，被耽误的时间不计算在起诉期限内。

公民、法人或者其他组织因前款规定以外的其他特殊情况耽误起诉期限的，在障碍消除后十日内，可以申请延长期限，是否准许由人民法院决定。

第四十九条 提起诉讼应当符合下列条件：

（一）原告是符合本法第二十五条规定的公民、法人或者其他组织；

（二）有明确的被告；

（三）有具体的诉讼请求和事实根据；

（四）属于人民法院受案范围和受诉人民法院管辖。

第五十条 起诉应当向人民法院递交起诉状，并按照被告人数提出副本。

书写起诉状确有困难的，可以口头起诉，由人民法院记入笔录，出具注明日期的书面凭证,并告知对方当事人。

第五十一条 人民法院在接到起诉状时对符合本法规定的起诉条件的,应当登记立案。

对当场不能判定是否符合本法规定的起诉条件的,应当接收起诉状,出具注明收到日期的书面凭证,并在七日内决定是否立案。不符合起诉条件的,作出不予立案的裁定。裁定书应当载明不予立案的理由。原告对裁定不服的,可以提起上诉。

起诉状内容欠缺或者有其他错误的,应当给予指导和释明,并一次性告知当事人需要补正的内容。不得未经指导和释明即以起诉不符合条件为由不接收起诉状。

对于不接收起诉状、接收起诉状后不出具书面凭证,以及不一次性告知当事人需要补正的起诉状内容的,当事人可以向上级人民法院投诉,上级人民法院应当责令改正,并对直接负责的主管人员和其他直接责任人员依法给予处分。

第五十二条 人民法院既不立案,又不作出不予立案裁定的,当事人可以向上一级人民法院起诉。上一级人民法院认为符合起诉条件的,应当立案、审理,也可以指定其他下级人民法院立案、审理。

第五十三条 公民、法人或者其他组织认为行政行为所依据的国务院部门和地方人民政府及其部门制定的规范性文件不合法,在对行政行为提起诉讼时,可以一并请求对该规范性文件进行审查。

前款规定的规范性文件不含规章。

第七章 审理和判决
第一节 一般规定

第五十四条 人民法院公开审理行政案件,但涉及国家秘密、个人隐私和法律另有规定的除外。

涉及商业秘密的案件,当事人申请不公开审理的,可以不公开审理。

第五十五条 当事人认为审判人员与本案有利害关系或者有其他关系可能影响公正审判,有权申请审判人员回避。

审判人员认为自己与本案有利害关系或者有其他关系,应当申请回避。

前两款规定，适用于书记员、翻译人员、鉴定人、勘验人。

院长担任审判长时的回避，由审判委员会决定；审判人员的回避，由院长决定；其他人员的回避，由审判长决定。当事人对决定不服的，可以申请复议一次。

第五十六条 诉讼期间，不停止行政行为的执行。但有下列情形之一的，裁定停止执行：

（一）被告认为需要停止执行的；

（二）原告或者利害关系人申请停止执行，人民法院认为该行政行为的执行会造成难以弥补的损失，并且停止执行不损害国家利益、社会公共利益的；

（三）人民法院认为该行政行为的执行会给国家利益、社会公共利益造成重大损害的；

（四）法律、法规规定停止执行的。

当事人对停止执行或者不停止执行的裁定不服的，可以申请复议一次。

第五十七条 人民法院对起诉行政机关没有依法支付抚恤金、最低生活保障金和工伤、医疗社会保险金的案件，权利义务关系明确、不先予执行将严重影响原告生活的，可以根据原告的申请，裁定先予执行。

当事人对先予执行裁定不服的，可以申请复议一次。复议期间不停止裁定的执行。

第五十八条 经人民法院传票传唤，原告无正当理由拒不到庭，或者未经法庭许可中途退庭的，可以按照撤诉处理；被告无正当理由拒不到庭，或者未经法庭许可中途退庭的，可以缺席判决。

第五十九条 诉讼参与人或者其他人有下列行为之一的，人民法院可以根据情节轻重，予以训诫、责令具结悔过或者处一万元以下的罚款、十五日以下的拘留；构成犯罪的，依法追究刑事责任：

（一）有义务协助调查、执行的人，对人民法院的协助调查决定、协助执行通知书，无故推拖、拒绝或者妨碍调查、执行的；

（二）伪造、隐藏、毁灭证据或者提供虚假证明材料，妨碍人民法院审理案件的；

（三）指使、贿买、胁迫他人作伪证或者威胁、阻止证人作证的；

（四）隐藏、转移、变卖、毁损已被查封、扣押、冻结的财产的；

（五）以欺骗、胁迫等非法手段使原告撤诉的；

（六）以暴力、威胁或者其他方法阻碍人民法院工作人员执行职务，或者以哄闹、冲击法庭等方法扰乱人民法院工作秩序的；

（七）对人民法院审判人员或者其他工作人员、诉讼参与人、协助调查和执行的人员恐吓、侮辱、诽谤、诬陷、殴打、围攻或者打击报复的。

人民法院对有前款规定的行为之一的单位，可以对其主要负责人或者直接责任人员依照前款规定予以罚款、拘留；构成犯罪的，依法追究刑事责任。

罚款、拘留须经人民法院院长批准。当事人不服的，可以向上一级人民法院申请复议一次。复议期间不停止执行。

第六十条 人民法院审理行政案件，不适用调解。但是，行政赔偿、补偿以及行政机关行使法律、法规规定的自由裁量权的案件可以调解。

调解应当遵循自愿、合法原则，不得损害国家利益、社会公共利益和他人合法权益。

第六十一条 在涉及行政许可、登记、征收、征用和行政机关对民事争议所作的裁决的行政诉讼中，当事人申请一并解决相关民事争议的，人民法院可以一并审理。

在行政诉讼中，人民法院认为行政案件的审理需以民事诉讼的裁判为依据的，可以裁定中止行政诉讼。

第六十二条 人民法院对行政案件宣告判决或者裁定前，原告申请撤诉的，或者被告改变其所作的行政行为，原告同意并申请撤诉的，是否准许，由人民法院裁定。

第六十三条 人民法院审理行政案件,以法律和行政法规、地方性法规为依据。地方性法规适用于本行政区域内发生的行政案件。

人民法院审理民族自治地方的行政案件,并以该民族自治地方的自治条例和单行条例为依据。

人民法院审理行政案件,参照规章。

第六十四条 人民法院在审理行政案件中,经审查认为本法第五十三条规定的规范性文件不合法的,不作为认定行政行为合法的依据,并向制定机关提出处理建议。

第六十五条 人民法院应当公开发生法律效力的判决书、裁定书,供公众查阅,但涉及国家秘密、商业秘密和个人隐私的内容除外。

第六十六条 人民法院在审理行政案件中,认为行政机关的主管人员、直接责任人员违法违纪的,应当将有关材料移送监察机关、该行政机关或者其上一级行政机关;认为有犯罪行为的,应当将有关材料移送公安、检察机关。

人民法院对被告经传票传唤无正当理由拒不到庭,或者未经法庭许可中途退庭的,可以将被告拒不到庭或者中途退庭的情况予以公告,并可以向监察机关或者被告的上一级行政机关提出依法给予其主要负责人或者直接责任人员处分的司法建议。

第二节 第一审普通程序

第六十七条 人民法院应当在立案之日起五日内,将起诉状副本发送被告。被告应当在收到起诉状副本之日起十五日内向人民法院提交作出行政行为的证据和所依据的规范性文件,并提出答辩状。人民法院应当在收到答辩状之日起五日内,将答辩状副本发送原告。

被告不提出答辩状的,不影响人民法院审理。

第六十八条 人民法院审理行政案件,由审判员组成合议庭,或者由审判员、陪审员组成合议庭。合议庭的成员,应当是三人以上的单数。

第六十九条 行政行为证据确凿,适用法律、法规正确,符合法定程序的,或者原告申请被告履行法定职责或者给付义务理由不成立的，人民法院判决驳回原告的诉讼请求。

第七十条 行政行为有下列情形之一的，人民法院判决撤销或者部分撤销，并可以判决被告重新作出行政行为：

（一）主要证据不足的；

（二）适用法律、法规错误的；

（三）违反法定程序的；

（四）超越职权的；

（五）滥用职权的；

（六）明显不当的。

第七十一条 人民法院判决被告重新作出行政行为的，被告不得以同一的事实和理由作出与原行政行为基本相同的行政行为。

第七十二条 人民法院经过审理，查明被告不履行法定职责的，判决被告在一定期限内履行。

第七十三条 人民法院经过审理，查明被告依法负有给付义务的，判决被告履行给付义务。

第七十四条 行政行为有下列情形之一的，人民法院判决确认违法，但不撤销行政行为：

（一）行政行为依法应当撤销，但撤销会给国家利益、社会公共利益造成重大损害的；

（二）行政行为程序轻微违法，但对原告权利不产生实际影响的。

行政行为有下列情形之一，不需要撤销或者判决履行的，人民法院判决确认违法：

（一）行政行为违法，但不具有可撤销内容的；

（二）被告改变原违法行政行为，原告仍要求确认原行政行为违法的；

（三）被告不履行或者拖延履行法定职责，判决履行没有意义的。

第七十五条 行政行为有实施主体不具有行政主体资格或者没有依据等重大且明显违法情形，原告申请确认行政行为无效的，人民法院判决确认无效。

第七十六条 人民法院判决确认违法或者无效的，可以同时判决责令被告采取补救措施；给原告造成损失的，依法判决被告承担赔偿责任。

第七十七条 行政处罚明显不当，或者其他行政行为涉及对款额的确定、认定确有错误的，人民法院可以判决变更。

人民法院判决变更，不得加重原告的义务或者减损原告的权益。但利害关系人同为原告，且诉讼请求相反的除外。

第七十八条 被告不依法履行、未按照约定履行或者违法变更、解除本法第十二条第一款第十一项规定的协议的，人民法院判决被告承担继续履行、采取补救措施或者赔偿损失等责任。

被告变更、解除本法第十二条第一款第十一项规定的协议合法，但未依法给予补偿的，人民法院判决给予补偿。

第七十九条 复议机关与作出原行政行为的行政机关为共同被告的案件，人民法院应当对复议决定和原行政行为一并作出裁判。

第八十条 人民法院对公开审理和不公开审理的案件，一律公开宣告判决。

当庭宣判的，应当在十日内发送判决书；定期宣判的，宣判后立即发给判决书。

宣告判决时，必须告知当事人上诉权利、上诉期限和上诉的人民法院。

第八十一条 人民法院应当在立案之日起六个月内作出第一审判决。有特殊情况需要延长的，由高级人民法院批准，高级人民法院审理第一审案件需要延长的，由最高人民法院批准。

第三节 简易程序

第八十二条 人民法院审理下列第一审行政案件，认为事实清楚、权利义务关系明确、争议不大的，可以适用简易程序：

（一）被诉行政行为是依法当场作出的；

（二）案件涉及款额二千元以下的；

（三）属于政府信息公开案件的。

除前款规定以外的第一审行政案件，当事人各方同意适用简易程序的，可以适用简易程序。

发回重审、按照审判监督程序再审的案件不适用简易程序。

第八十三条　适用简易程序审理的行政案件，由审判员一人独任审理，并应当在立案之日起四十五日内审结。

第八十四条　人民法院在审理过程中，发现案件不宜适用简易程序的，裁定转为普通程序。

第四节　第二审程序

第八十五条　当事人不服人民法院第一审判决的，有权在判决书送达之日起十五日内向上一级人民法院提起上诉。当事人不服人民法院第一审裁定的，有权在裁定书送达之日起十日内向上一级人民法院提起上诉。逾期不提起上诉的，人民法院的第一审判决或者裁定发生法律效力。

第八十六条　人民法院对上诉案件，应当组成合议庭，开庭审理。经过阅卷、调查和询问当事人，对没有提出新的事实、证据或者理由，合议庭认为不需要开庭审理的，也可以不开庭审理。

第八十七条　人民法院审理上诉案件，应当对原审人民法院的判决、裁定和被诉行政行为进行全面审查。

第八十八条　人民法院审理上诉案件，应当在收到上诉状之日起三个月内作出终审判决。有特殊情况需要延长的，由高级人民法院批准，高级人民法院审理上诉案件需要延长的，由最高人民法院批准。

第八十九条　人民法院审理上诉案件，按照下列情形，分别处理：

（一）原判决、裁定认定事实清楚，适用法律、法规正确的，判决或者裁定驳回上诉，维持原判决、裁定；

（二）原判决、裁定认定事实错误或者适用法律、法规错误的，依法改判、撤销或者变更；

（三）原判决认定基本事实不清、证据不足的，发回原审人民法院重审，或者查清事实后改判；

（四）原判决遗漏当事人或者违法缺席判决等严重违反法定程序的，裁定撤销原判决，发回原审人民法院重审。

原审人民法院对发回重审的案件作出判决后，当事人提起上诉的，第二审人民法院不得再次发回重审。

人民法院审理上诉案件，需要改变原审判决的，应当同时对被诉行政行为作出判决。

第五节 审判监督程序

第九十条 当事人对已经发生法律效力的判决、裁定，认为确有错误的，可以向上一级人民法院申请再审，但判决、裁定不停止执行。

第九十一条 当事人的申请符合下列情形之一的，人民法院应当再审：

（一）不予立案或者驳回起诉确有错误的；

（二）有新的证据，足以推翻原判决、裁定的；

（三）原判决、裁定认定事实的主要证据不足、未经质证或者系伪造的；

（四）原判决、裁定适用法律、法规确有错误的；

（五）违反法律规定的诉讼程序，可能影响公正审判的；

（六）原判决、裁定遗漏诉讼请求的；

（七）据以作出原判决、裁定的法律文书被撤销或者变更的；

（八）审判人员在审理该案件时有贪污受贿、徇私舞弊、枉法裁判行为的。

第九十二条 各级人民法院院长对本院已经发生法律效力的判决、裁定，发现有本法第九十一条规定情形之一，或者发现调解违反自愿原则或者调解书内容违法，认为需要再审的，应当提交审判委员会讨论决定。

最高人民法院对地方各级人民法院已经发生法律效力的判决、裁定，上级人民法院对下级人民法院已经发生法律效力的判决、裁定，发现有本法第九十一条规定情形之一，或者发现调解违反自愿原则或者调解书内容违法的，有权提审或者指令下级人民法院再审。

第九十三条 最高人民检察院对各级人民法院已经发生法律效力的判决、裁定，上级人民检察院对下级人民法院已经发生法律效力的判决、裁定，发现有本法第九十一条规定情形之一，或者发现调解书损害国家利益、社会公共利益的，应当提出抗诉。

地方各级人民检察院对同级人民法院已经发生法律效力的判决、裁定，发现有本法第九十一条规定情形之一，或者发现调解书损害国家利益、社会公共利益的，可以向同级人民法院提出检察建议，并报上级人民检察院备案；也可以提请上级人民检察院向同级人民法院提出抗诉。

各级人民检察院对审判监督程序以外的其他审判程序中审判人员的违法行为，有权向同级人民法院提出检察建议。

第八章 执行

第九十四条 当事人必须履行人民法院发生法律效力的判决、裁定、调解书。

第九十五条 公民、法人或者其他组织拒绝履行判决、裁定、调解书的，行政机关或者第三人可以向第一审人民法院申请强制执行，或者由行政机关依法强制执行。

第九十六条 行政机关拒绝履行判决、裁定、调解书的，第一审人民法院可以采取下列措施：

（一）对应当归还的罚款或者应当给付的款额，通知银行从该行政机关的账户内划拨；

（二）在规定期限内不履行的，从期满之日起，对该行政机关负责人按日处五十元至一百元的罚款；

（三）将行政机关拒绝履行的情况予以公告；

（四）向监察机关或者该行政机关的上一级行政机关提出司法建议。接受司法建议的机关，根据有关规定进行处理，并将处理情况告知人民法院；

（五）拒不履行判决、裁定、调解书，社会影响恶劣的，可以对该行政机关直接负责的主管人员和其他直接责任人员予以拘留；情节严重，构成犯罪的，依法追究刑事责任。

第九十七条 公民、法人或者其他组织对行政行为在法定期限内不提起诉讼又不履行的,行政机关可以申请人民法院强制执行,或者依法强制执行。

第九章 涉外行政诉讼

第九十八条 外国人、无国籍人、外国组织在中华人民共和国进行行政诉讼,适用本法。法律另有规定的除外。

第九十九条 外国人、无国籍人、外国组织在中华人民共和国进行行政诉讼,同中华人民共和国公民、组织有同等的诉讼权利和义务。

外国法院对中华人民共和国公民、组织的行政诉讼权利加以限制的,人民法院对该国公民、组织的行政诉讼权利,实行对等原则。

第一百条 外国人、无国籍人、外国组织在中华人民共和国进行行政诉讼,委托律师代理诉讼的,应当委托中华人民共和国律师机构的律师。

第十章 附则

第一百零一条 人民法院审理行政案件,关于期间、送达、财产保全、开庭审理、调解、中止诉讼、终结诉讼、简易程序、执行等,以及人民检察院对行政案件受理、审理、裁判、执行的监督,本法没有规定的,适用《中华人民共和国民事诉讼法》的相关规定。

第一百零二条 人民法院审理行政案件,应当收取诉讼费用。诉讼费用由败诉方承担,双方都有责任的由双方分担。收取诉讼费用的具体办法另行规定。

第一百零三条 本法自1990年10月1日起施行。

附件四 《最高人民法院关于审理专利纠纷案件适用法律问题的若干规定》（2015年修正）

（法释〔2015〕4号 根据2015年1月19日最高人民法院审判委员会第1641次会议通过的《最高人民法院关于修改〈最高人民法院关于审理专利纠纷案件适用法律问题的若干规定〉的决定》第二次修正）

为了正确审理专利纠纷案件，根据《中华人民共和国民法通则》（以下简称民法通则）、《中华人民共和国专利法》（以下简称专利法）、《中华人民共和国民事诉讼法》和《中华人民共和国行政诉讼法》等法律的规定，作如下规定：

第一条 人民法院受理下列专利纠纷案件：

1. 专利申请权纠纷案件；

2. 专利权权属纠纷案件；

3. 专利权、专利申请权转让合同纠纷案件；

4. 侵犯专利权纠纷案件；

5. 假冒他人专利纠纷案件；

6. 发明专利申请公布后、专利权授予前使用费纠纷案件；

7. 职务发明创造发明人、设计人奖励、报酬纠纷案件；

8. 诉前申请停止侵权、财产保全案件；

9. 发明人、设计人资格纠纷案件；

10. 不服专利复审委员会维持驳回申请复审决定案件；

11. 不服专利复审委员会专利权无效宣告请求决定案件；

12. 不服国务院专利行政部门实施强制许可决定案件；

13. 不服国务院专利行政部门实施强制许可使用费裁决案件；

14. 不服国务院专利行政部门行政复议决定案件；

15. 不服管理专利工作的部门行政决定案件；

16. 其他专利纠纷案件。

第二条　专利纠纷第一审案件，由各省、自治区、直辖市人民政府所在地的中级人民法院和最高人民法院指定的中级人民法院管辖。

最高人民法院根据实际情况，可以指定基层人民法院管辖第一审专利纠纷案件。

第三条　当事人对专利复审委员会于2001年7月1日以后作出的关于实用新型、外观设计专利权撤销请求复审决定不服向人民法院起诉的，人民法院不予受理。

第四条　当事人对专利复审委员会于2001年7月1日以后作出的关于维持驳回实用新型、外观设计专利申请的复审决定，或者关于实用新型、外观设计专利权无效宣告请求的决定不服向人民法院起诉的，人民法院应当受理。

第五条　因侵犯专利权行为提起的诉讼，由侵权行为地或者被告住所地人民法院管辖。

侵权行为地包括：被诉侵犯发明、实用新型专利权的产品的制造、使用、许诺销售、销售、进口等行为的实施地；专利方法使用行为的实施地，依照该专利方法直接获得的产品的使用、许诺销售、销售、进口等行为的实施地；外观设计专利产品的制造、许诺销售、销售、进口等行为的实施地；假冒他人专利的行为实施地。上述侵权行为的侵权结果发生地。

第六条　原告仅对侵权产品制造者提起诉讼，未起诉销售者，侵权产品制造地与销售地不一致的，制造地人民法院有管辖权；以制造者与销售者为共同被告起诉的，销售地人民法院有管辖权。

销售者是制造者分支机构，原告在销售地起诉侵权产品制造者制造、销售行为的，销售地人民法院有管辖权。

第七条　原告根据1993年1月1日以前提出的专利申请和根据该申请授予的方法发明专利权提起的侵权诉讼，参照本规定第五条、第六条的规定确定管辖。

人民法院在上述案件实体审理中依法适用方法发明专利权不延及产品的规定。

第八条　对申请日在2009年10月1日前（不含该日）的实用新

型专利提起侵犯专利权诉讼，原告可以出具由国务院专利行政部门作出的检索报告；对申请日在2009年10月1日以后的实用新型或者外观设计专利提起侵犯专利权诉讼，原告可以出具由国务院专利行政部门作出的专利权评价报告。根据案件审理需要，人民法院可以要求原告提交检索报告或者专利权评价报告。原告无正当理由不提交的，人民法院可以裁定中止诉讼或者判令原告承担可能的不利后果。

侵犯实用新型、外观设计专利权纠纷案件的被告请求中止诉讼的，应当在答辩期内对原告的专利权提出宣告无效的请求。

第九条 人民法院受理的侵犯实用新型、外观设计专利权纠纷案件，被告在答辩期间内请求宣告该项专利权无效的，人民法院应当中止诉讼，但具备下列情形之一的，可以不中止诉讼：

（一）原告出具的检索报告或者专利权评价报告未发现导致实用新型或者外观设计专利权无效的事由的；

（二）被告提供的证据足以证明其使用的技术已经公知的；

（三）被告请求宣告该项专利权无效所提供的证据或者依据的理由明显不充分的；

（四）人民法院认为不应当中止诉讼的其他情形。

第十条 人民法院受理的侵犯实用新型、外观设计专利权纠纷案件，被告在答辩期间届满后请求宣告该项专利权无效的，人民法院不应当中止诉讼，但经审查认为有必要中止诉讼的除外。

第十一条 人民法院受理的侵犯发明专利权纠纷案件或者经专利复审委员会审查维持专利权的侵犯实用新型、外观设计专利权纠纷案件，被告在答辩期间内请求宣告该项专利权无效的，人民法院可以不中止诉讼。

第十二条 人民法院决定中止诉讼，专利权人或者利害关系人请求责令被告停止有关行为或者采取其他制止侵权损害继续扩大的措施，并提供了担保，人民法院经审查符合有关法律规定的，可以在裁定中止诉讼的同时一并作出有关裁定。

第十三条 人民法院对专利权进行财产保全，应当向国务院专利行政部门发出协助执行通知书，载明要求协助执行的事项，以及对专利权保全的期限,并附人民法院作出的裁定书。

对专利权保全的期限一次不得超过六个月,自国务院专利行政部门收到协助执行通知书之日起计算。如果仍然需要对该专利权继续采取保全措施的,人民法院应当在保全期限届满前向国务院专利行政部门另行送达继续保全的协助执行通知书。保全期限届满前未送达的,视为自动解除对该专利权的财产保全。

人民法院对出质的专利权可以采取财产保全措施,质权人的优先受偿权不受保全措施的影响;专利权人与被许可人已经签订的独占实施许可合同,不影响人民法院对该专利权进行财产保全。

人民法院对已经进行保全的专利权,不得重复进行保全。

第十四条 2001 年 7 月 1 日以前利用本单位的物质技术条件所完成的发明创造,单位与发明人或者设计人订有合同,对申请专利的权利和专利权的归属作出约定的,从其约定。

第十五条 人民法院受理的侵犯专利权纠纷案件,涉及权利冲突的,应当保护在先依法享有权利的当事人的合法权益。

第十六条 专利法第二十三条所称的在先取得的合法权利包括:商标权、著作权、企业名称权、肖像权、知名商品特有包装或者装潢使用权等。

第十七条 专利法第五十九条第一款所称的"发明或者实用新型专利权的保护范围以其权利要求的内容为准,说明书及附图可以用于解释权利要求的内容",是指专利权的保护范围应当以权利要求记载的全部技术特征所确定的范围为准,也包括与该技术特征相等同的特征所确定的范围。

等同特征,是指与所记载的技术特征以基本相同的手段,实现基本相同的功能,达到基本相同的效果,并且本领域普通技术人员在被诉侵权行为发生时无需经过创造性劳动就能够联想到的特征。

第十八条 侵犯专利权行为发生在 2001 年 7 月 1 日以前的,适用修改前专利法的规定确定民事责任;发生在 2001 年 7 月 1 日以后的,适用修改后专利法的规定确定民事责任。

第十九条 假冒他人专利的,人民法院可以依照专利法第六十三条的规定确定其民事责任。管理专利工作的部门未给予行政处罚的,人民法院可以依照民法通则第一百三十四条第三款的规定给予民事制裁,适用民事罚款数额可以参照专利法第六十三条的规定确定。

第二十条 专利法第六十五条规定的权利人因被侵权所受到的实际损失可以根据专利权人的专利产品因侵权所造成销售量减少的总数乘以每件专利产品的合理利润所得之积计算。权利人销售量减少的总数难以确定的,侵权产品在市场上销售的总数乘以每件专利产品的合理利润所得之积可以视为权利人因被侵权所受到的实际损失。

专利法第六十五条规定的侵权人因侵权所获得的利益可以根据该侵权产品在市场上销售的总数乘以每件侵权产品的合理利润所得之积计算。侵权人因侵权所获得的利益一般按照侵权人的营业利润计算,对于完全以侵权为业的侵权人,可以按照销售利润计算。

第二十一条 权利人的损失或者侵权人获得的利益难以确定,有专利许可使用费可以参照的,人民法院可以根据专利权的类型、侵权行为的性质和情节、专利许可的性质、范围、时间等因素,参照该专利许可使用费的倍数合理确定赔偿数额;没有专利许可使用费可以参照或者专利许可使用费明显不合理的,人民法院可以根据专利权的类型、侵权行为的性质和情节等因素,依照专利法第六十五条第二款的规定确定赔偿数额。

第二十二条 权利人主张其为制止侵权行为所支付合理开支的,人民法院可以在专利法第六十五条确定的赔偿数额之外另行计算。

第二十三条 侵犯专利权的诉讼时效为二年,自专利权人或者利害关系人知道或者应当知道侵权行为之日起计算。权利人超过二年起诉的,如果侵权行为在起诉时仍在继续,在该项专利权有效期内,人民法院应当判决被告停止侵权行为,侵权损害赔偿数额应当自权利人向人民法院起诉之日起向前推算二年计算。

第二十四条 专利法第十一条、第六十九条所称的许诺销售,是指以做广告、在商店橱窗中陈列或者在展销会上展出等方式作出销售商品的意思表示。

第二十五条 人民法院受理的侵犯专利权纠纷案件，已经过管理专利工作的部门作出侵权或者不侵权认定的，人民法院仍应当就当事人的诉讼请求进行全面审查。

第二十六条 以前的有关司法解释与本规定不一致的，以本规定为准。

附件五 《最高人民法院关于适用〈中华人民共和国行政诉讼法〉若干问题的解释》

(法释〔2015〕9号 2015年4月20日最高人民法院审判委员会第1648次会议通过)

为正确适用第十二届全国人民代表大会常务委员会第十一次会议决定修改的《中华人民共和国行政诉讼法》,结合人民法院行政审判工作实际,现就有关条款的适用问题解释如下:

第一条 人民法院对符合起诉条件的案件应当立案,依法保障当事人行使诉讼权利。

对当事人依法提起的诉讼,人民法院应当根据行政诉讼法第五十一条的规定,一律接收起诉状。能够判断符合起诉条件的,应当当场登记立案;当场不能判断是否符合起诉条件的,应当在接收起诉状后七日内决定是否立案;七日内仍不能作出判断的,应当先予立案。起诉状内容或者材料欠缺的,人民法院应当一次性全面告知当事人需要补正的内容、补充的材料及期限。在指定期限内补正并符合起诉条件的,应当登记立案。当事人拒绝补正或者经补正仍不符合起诉条件的,裁定不予立案,并载明不予立案的理由。

当事人对不予立案裁定不服的,可以提起上诉。

第二条 行政诉讼法第四十九条第三项规定的"有具体的诉讼请求"是指:

(一)请求判决撤销或者变更行政行为;

(二)请求判决行政机关履行法定职责或者给付义务;

(三)请求判决确认行政行为违法;

(四)请求判决确认行政行为无效;

(五)请求判决行政机关予以赔偿或者补偿;

(六)请求解决行政协议争议;

(七)请求一并审查规章以下规范性文件;

（八）请求一并解决相关民事争议；

（九）其他诉讼请求。

当事人未能正确表达诉讼请求的，人民法院应当予以释明。

第三条 有下列情形之一，已经立案的，应当裁定驳回起诉：

（一）不符合行政诉讼法第四十九条规定的；

（二）超过法定起诉期限且无正当理由的；

（三）错列被告且拒绝变更的；

（四）未按照法律规定由法定代理人、指定代理人、代表人为诉讼行为的；

（五）未按照法律、法规规定先向行政机关申请复议的；

（六）重复起诉的；

（七）撤回起诉后无正当理由再行起诉的；

（八）行政行为对其合法权益明显不产生实际影响的；

（九）诉讼标的已为生效裁判所羁束的；

（十）不符合其他法定起诉条件的。

人民法院经过阅卷、调查和询问当事人，认为不需要开庭审理的，可以迳行裁定驳回起诉。

第四条 公民、法人或者其他组织依照行政诉讼法第四十七条第一款的规定，对行政机关不履行法定职责提起诉讼的，应当在行政机关履行法定职责期限届满之日起六个月内提出。

第五条 行政诉讼法第三条第三款规定的"行政机关负责人"，包括行政机关的正职和副职负责人。行政机关负责人出庭应诉的，可以另行委托一至二名诉讼代理人。

第六条 行政诉讼法第二十六条第二款规定的"复议机关决定维持原行政行为"，包括复议机关驳回复议申请或者复议请求的情形，但以复议申请不符合受理条件为由驳回的除外。

行政诉讼法第二十六条第二款规定的"复议机关改变原行政行为"，是指复议机关改变原行政行为的处理结果。

第七条 复议机关决定维持原行政行为的，作出原行政行为的行政机关和复议机关是共同被告。原告只起诉作出原行政行为的行政机关或者复议机关的，人民法院应当告知原告追加被告。原告不同意追加的，人民法院应当将另一机关列为共同被告。

第八条 作出原行政行为的行政机关和复议机关为共同被告的，以作出原行政行为的行政机关确定案件的级别管辖。

第九条 复议机关决定维持原行政行为的，人民法院应当在审查原行政行为合法性的同时，一并审查复议程序的合法性。

作出原行政行为的行政机关和复议机关对原行政行为合法性共同承担举证责任，可以由其中一个机关实施举证行为。复议机关对复议程序的合法性承担举证责任。

第十条 人民法院对原行政行为作出判决的同时，应当对复议决定一并作出相应判决。

人民法院判决撤销原行政行为和复议决定的，可以判决作出原行政行为的行政机关重新作出行政行为。

人民法院判决作出原行政行为的行政机关履行法定职责或者给付义务的，应当同时判决撤销复议决定。

原行政行为合法、复议决定违反法定程序的，应当判决确认复议决定违法，同时判决驳回原告针对原行政行为的诉讼请求。

原行政行为被撤销、确认违法或者无效，给原告造成损失的，应当由作出原行政行为的行政机关承担赔偿责任；因复议程序违法给原告造成损失的，由复议机关承担赔偿责任。

第十一条 行政机关为实现公共利益或者行政管理目标，在法定职责范围内，与公民、法人或者其他组织协商订立的具有行政法上权利义务内容的协议，属于行政诉讼法第十二条第一款第十一项规定的行政协议。

公民、法人或者其他组织就下列行政协议提起行政诉讼的，人民法院应当依法受理：

（一）政府特许经营协议；

（二）土地、房屋等征收征用补偿协议；

（三）其他行政协议。

第十二条 公民、法人或者其他组织对行政机关不依法履行、未按照约定履行协议提起诉讼的,参照民事法律规范关于诉讼时效的规定;对行政机关单方变更、解除协议等行为提起诉讼的,适用行政诉讼法及其司法解释关于起诉期限的规定。

第十三条 对行政协议提起诉讼的案件,适用行政诉讼法及其司法解释的规定确定管辖法院。

第十四条 人民法院审查行政机关是否依法履行、按照约定履行协议或者单方变更、解除协议是否合法,在适用行政法律规范的同时,可以适用不违反行政法和行政诉讼法强制性规定的民事法律规范。

第十五条 原告主张被告不依法履行、未按照约定履行协议或者单方变更、解除协议违法,理由成立的,人民法院可以根据原告的诉讼请求判决确认协议有效、判决被告继续履行协议,并明确继续履行的具体内容;被告无法继续履行或者继续履行已无实际意义的,判决被告采取相应的补救措施;给原告造成损失的,判决被告予以赔偿。

原告请求解除协议或者确认协议无效,理由成立的,判决解除协议或者确认协议无效,并根据合同法等相关法律规定作出处理。

被告因公共利益需要或者其他法定理由单方变更、解除协议,给原告造成损失的,判决被告予以补偿。

第十六条 对行政机关不依法履行、未按照约定履行协议提起诉讼的,诉讼费用准用民事案件交纳标准;对行政机关单方变更、解除协议等行为提起诉讼的,诉讼费用适用行政案件交纳标准。

第十七条 公民、法人或者其他组织请求一并审理行政诉讼法第六十一条规定的相关民事争议,应当在第一审开庭审理前提出;有正当理由的,也可以在法庭调查中提出。

有下列情形之一的,人民法院应当作出不予准许一并审理民事争议的决定,并告知当事人可以依法通过其他渠道主张权利:

(一)法律规定应当由行政机关先行处理的;

(二)违反民事诉讼法专属管辖规定或者协议管辖约定的;

(三)已经申请仲裁或者提起民事诉讼的;

（四）其他不宜一并审理的民事争议。

对不予准许的决定可以申请复议一次。

第十八条 人民法院在行政诉讼中一并审理相关民事争议的，民事争议应当单独立案，由同一审判组织审理。

审理行政机关对民事争议所作裁决的案件，一并审理民事争议的，不另行立案。

第十九条 人民法院一并审理相关民事争议，适用民事法律规范的相关规定，法律另有规定的除外。

当事人在调解中对民事权益的处分，不能作为审查被诉行政行为合法性的根据。

行政争议和民事争议应当分别裁判。当事人仅对行政裁判或者民事裁判提出上诉的，未上诉的裁判在上诉期满后即发生法律效力。第一审人民法院应当将全部案卷一并移送第二审人民法院，由行政审判庭审理。第二审人民法院发现未上诉的生效裁判确有错误的，应当按照审判监督程序再审。

第二十条 公民、法人或者其他组织请求人民法院一并审查行政诉讼法第五十三条规定的规范性文件，应当在第一审开庭审理前提出；有正当理由的，也可以在法庭调查中提出。

第二十一条 规范性文件不合法的，人民法院不作为认定行政行为合法的依据，并在裁判理由中予以阐明。作出生效裁判的人民法院应当向规范性文件的制定机关提出处理建议，并可以抄送制定机关的同级人民政府或者上一级行政机关。

第二十二条 原告请求被告履行法定职责的理由成立，被告违法拒绝履行或者无正当理由逾期不予答复的，人民法院可以根据行政诉讼法第七十二条的规定，判决被告在一定期限内依法履行原告请求的法定职责；尚需被告调查或者裁量的，应当判决被告针对原告的请求重新作出处理。

第二十三条 原告申请被告依法履行支付抚恤金、最低生活保障待遇或者社会保险待遇等给付义务的理由成立，被告依法负有给付义务而拒绝或者拖延履行义务且无正当理由的，人民法院可以根据行政诉讼法第七十三条的规定，判决被告在一定期限内履行相应的给付义务。

第二十四条 当事人向上一级人民法院申请再审，应当在判决、裁定或者调解书发生法律效力后六个月内提出。有下列情形之一的，自知道或者应当知道之日起六个月内提出：

（一）有新的证据，足以推翻原判决、裁定的；

（二）原判决、裁定认定事实的主要证据是伪造的；

（三）据以作出原判决、裁定的法律文书被撤销或者变更的；

（四）审判人员审理该案件时有贪污受贿、徇私舞弊、枉法裁判行为的。

第二十五条 有下列情形之一的，当事人可以向人民检察院申请抗诉或者检察建议：

（一）人民法院驳回再审申请的；

（二）人民法院逾期未对再审申请作出裁定的；

（三）再审判决、裁定有明显错误的。

人民法院基于抗诉或者检察建议作出再审判决、裁定后，当事人申请再审的，人民法院不予立案。

第二十六条 2015年5月1日前起诉期限尚未届满的，适用修改后的行政诉讼法关于起诉期限的规定。

2015年5月1日前尚未审结案件的审理期限，适用修改前的行政诉讼法关于审理期限的规定。依照修改前的行政诉讼法已经完成的程序事项，仍然有效。

对2015年5月1日前发生法律效力的判决、裁定或者行政赔偿调解书不服申请再审，或者人民法院依照审判监督程序再审的，程序性规定适用修改后的行政诉讼法的规定。

第二十七条 最高人民法院以前发布的司法解释与本解释不一致的，以本解释为准。

附件六 《最高人民法院关于执行〈中华人民共和国行政诉讼法〉若干问题的解释》

(法释〔2000〕8号)

为正确理解和适用《中华人民共和国行政诉讼法》(以下简称行政诉讼法),现结合行政审判工作实际,对执行行政诉讼法的若干问题作出如下解释:

一、受案范围

第一条 公民、法人或者其他组织对具有国家行政职权的机关和组织及其工作人员的行政行为不服,依法提起诉讼的,属于人民法院行政诉讼的受案范围。

公民、法人或者其他组织对下列行为不服提起诉讼的,不属于人民法院行政诉讼的受案范围:

(一)行政诉讼法第十二条规定的行为;

(二)公安、国家安全等机关依照刑事诉讼法的明确授权实施的行为;

(三)调解行为以及法律规定的仲裁行为;

(四)不具有强制力的行政指导行为;

(五)驳回当事人对行政行为提起申诉的重复处理行为;

(六)对公民、法人或者其他组织权利义务不产生实际影响的行为。

第二条 行政诉讼法第十二条第(一)项规定的国家行为,是指国务院、中央军事委员会、国防部、外交部等根据宪法和法律的授权,以国家的名义实施的有关国防和外交事务的行为,以及经宪法和法律授权的国家机关宣布紧急状态、实施戒严和总动员等行为。

第三条 行政诉讼法第十二条第(二)项规定的"具有普遍约束力的决定、命令",是指行政机关针对不特定对象发布的能反复适用的行政规范性文件。

第四条 行政诉讼法第十二条第（三）项规定的"对行政机关工作人员的奖惩、任免等决定"，是指行政机关作出的涉及该行政机关公务员权利义务的决定。

第五条 行政诉讼法第十二条第（四）项规定的"法律规定由行政机关最终裁决的具体行政行为"中的"法律"，是指全国人民代表大会及其常务委员会制定、通过的规范性文件。

二、管辖

第六条 各级人民法院行政审判庭审理行政案件和审查行政机关申请执行其具体行政行为的案件。

专门人民法院、人民法庭不审理行政案件，也不审查和执行行政机关申请执行其具体行政行为的案件。

第七条 复议决定有下列情形之一的，属于行政诉讼法规定的"改变原具体行政行为"：

（一）改变原具体行政行为所认定的主要事实和证据的；

（二）改变原具体行政行为所适用的规范依据且对定性产生影响的；

（三）撤销、部分撤销或者变更原具体行政行为处理结果的。

第八条 有下列情形之一的，属于行政诉讼法第十四条第（三）项规定的"本辖区内重大、复杂的案件"：

（一）被告为县级以上人民政府，且基层人民法院不适宜审理的案件；

（二）社会影响重大的共同诉讼、集团诉讼案件；

（三）重大涉外或者涉及香港特别行政区、澳门特别行政区、台湾地区的案件；

（四）其他重大、复杂案件。

第九条 行政诉讼法第十八条规定的"原告所在地"，包括原告的户籍所在地、经常居住地和被限制人身自由地。

行政机关基于同一事实既对人身又对财产实施行政处罚或者采取行政强制措施的，被限制人身自由的公民、被扣押或者没收财产的公民、法人或者其他组织对上述行为均不服的，既可以向被告所在地人民法院提起诉讼,也可以向原告所在地人民法院提起诉讼,受诉人民法院可一并管辖。

第十条 当事人提出管辖异议,应当在接到人民法院应诉通知之日起10日内以书面形式提出。

对当事人提出的管辖异议,人民法院应当进行审查。异议成立的,裁定将案件移送有管辖权的人民法院;异议不成立的,裁定驳回。

三、诉讼参加人

第十一条 行政诉讼法第二十四条规定的"近亲属",包括配偶、父母、子女、兄弟姐妹、祖父母、外祖父母、孙子女、外孙子女和其他具有扶养、赡养关系的亲属。

公民因被限制人身自由而不能提起诉讼的,其近亲属可以依其口头或者书面委托以该公民的名义提起诉讼。

第十二条 与具体行政行为有法律上利害关系的公民、法人或者其他组织对该行为不服的,可以依法提起行政诉讼。

第十三条 有下列情形之一的,公民、法人或者其他组织可以依法提起行政诉讼:

(一)被诉的具体行政行为涉及其相邻权或者公平竞争权的;

(二)与被诉的行政复议决定有法律上利害关系或者在复议程序中被追加为第三人的;

(三)要求主管行政机关依法追究加害人法律责任的;

(四)与撤销或者变更具体行政行为有法律上利害关系的。

第十四条 合伙企业向人民法院提起诉讼的,应当以核准登记的字号为原告,由执行合伙企业事务的合伙人作诉讼代表人;其他合伙组织提起诉讼的,合伙人为共同原告。

不具备法人资格的其他组织向人民法院提起诉讼的,由该组织的主要负责人作诉讼代表人;没有主要负责人的,可以由推选的负责人作诉讼代表人。

同案原告为5人以上,应当推选1至5名诉讼代表人参加诉讼;在指定期限内未选定的,人民法院可以依职权指定。

第十五条 联营企业、中外合资或者合作企业的联营、合资、合作各方，认为联营、合资、合作企业权益或者自己一方合法权益受具体行政行为侵害的，均可以自己的名义提起诉讼。

第十六条 农村土地承包人等土地使用权人对行政机关处分其使用的农村集体所有土地的行为不服，可以自己的名义提起诉讼。

第十七条 非国有企业被行政机关注销、撤销、合并、强令兼并、出售、分立或者改变企业隶属关系的，该企业或者其法定代表人可以提起诉讼。

第十八条 股份制企业的股东大会、股东代表大会、董事会等认为行政机关作出的具体行政行为侵犯企业经营自主权的，可以企业名义提起诉讼。

第十九条 当事人不服经上级行政机关批准的具体行政行为，向人民法院提起诉讼的，应当以在对外发生法律效力的文书上署名的机关为被告。

第二十条 行政机关组建并赋予行政管理职能但不具有独立承担法律责任能力的机构，以自己的名义作出具体行政行为，当事人不服提起诉讼的，应当以组建该机构的行政机关为被告。

行政机关的内设机构或者派出机构在没有法律、法规或者规章授权的情况下，以自己的名义作出具体行政行为，当事人不服提起诉讼的，应当以该行政机关为被告。

法律、法规或者规章授权行使行政职权的行政机关内设机构、派出机构或者其他组织，超出法定授权范围实施行政行为，当事人不服提起诉讼的，应当以实施该行为的机构或者组织为被告。

第二十一条 行政机关在没有法律、法规或者规章规定的情况下，授权其内设机构、派出机构或者其他组织行使行政职权的，应当视为委托。当事人不服提起诉讼的，应当以该行政机关为被告。

第二十二条 复议机关在法定期间内不作复议决定，当事人对原具体行政行为不服提起诉讼的，应当以作出原具体行政行为的行政机关为被告；当事人对复议机关不作为不服提起诉讼的，应当以复议机关为被告。

第二十三条 原告所起诉的被告不适格，人民法院应当告知原告变更被告；原告不同意变更的，裁定驳回起诉。

应当追加被告而原告不同意追加的，人民法院应当通知其以第三人的身份参加诉讼。

第二十四条 行政机关的同一具体行政行为涉及两个以上利害关系人，其中一部分利害关系人对具体行政行为不服提起诉讼，人民法院应当通知没有起诉的其他利害关系人作为第三人参加诉讼。

第三人有权提出与本案有关的诉讼主张，对人民法院的一审判决不服，有权提起上诉。

第二十五条 当事人委托诉讼代理人，应当向人民法院提交由委托人签名或者盖章的授权委托书。委托书应当载明委托事项和具体权限。公民在特殊情况下无法书面委托的，也可以口头委托。口头委托的，人民法院应当核实并记录在卷；被诉机关或者其他有义务协助的机关拒绝人民法院向被限制人身自由的公民核实的，视为委托成立。当事人解除或者变更委托的，应当书面报告人民法院，由人民法院通知其他当事人。

四、证据

第二十六条 在行政诉讼中，被告对其作出的具体行政行为承担举证责任。

被告应当在收到起诉状副本之日起10日内提交答辩状，并提供作出具体行政行为时的证据、依据；被告不提供或者无正当理由逾期提供的，应当认定该具体行政行为没有证据、依据。

第二十七条 原告对下列事项承担举证责任：

（一）证明起诉符合法定条件，但被告认为原告起诉超过起诉期限的除外；

（二）在起诉被告不作为的案件中，证明其提出申请的事实；

（三）在一并提起的行政赔偿诉讼中，证明因受被诉行为侵害而造成损失的事实；

（四）其他应当由原告承担举证责任的事项。

第二十八条 有下列情形之一的，被告经人民法院准许可以补充相关的证据：

（一）被告在作出具体行政行为时已经收集证据，但因不可抗力等正当事由不能提供的；

（二）原告或者第三人在诉讼过程中，提出了其在被告实施行政行为过程中没有提出的反驳理由或者证据的。

第二十九条 有下列情形之一的，人民法院有权调取证据：

（一）原告或者第三人及其诉讼代理人提供了证据线索，但无法自行收集而申请人民法院调取的；

（二）当事人应当提供而无法提供原件或者原物的。

第三十条 下列证据不能作为认定被诉具体行政行为合法的根据：

（一）被告及其诉讼代理人在作出具体行政行为后自行收集的证据；

（二）被告严重违反法定程序收集的其他证据。

第三十一条 未经法庭质证的证据不能作为人民法院裁判的根据。

复议机关在复议过程中收集和补充的证据，不能作为人民法院维持原具体行政行为的根据。

被告在二审过程中向法庭提交在一审过程中没有提交的证据，不能作为二审法院撤销或者变更一审裁判的根据。

五、起诉与受理

第三十二条 人民法院应当组成合议庭对原告的起诉进行审查。符合起诉条件的，应当在7日内立案；不符合起诉条件的，应当在7日内裁定不予受理。

7日内不能决定是否受理的，应当先予受理；受理后经审查不符合起诉条件的，裁定驳回起诉。

受诉人民法院在7日内既不立案，又不作出裁定的，起诉人可以向上一级人民法院申诉或者起诉。上一级人民法院认为符合受理条件的，应予受理；受理后可以移交或者指定下级人民法院审理，也可以自行审理。

前三款规定的期限,从受诉人民法院收到起诉状之日起计算;因起诉状内容欠缺而责令原告补正的,从人民法院收到补正材料之日起计算。

第三十三条 法律、法规规定应当先申请复议,公民、法人或者其他组织未申请复议直接提起诉讼的,人民法院不予受理。

复议机关不受理复议申请或者在法定期限内不作出复议决定,公民、法人或者其他组织不服,依法向人民法院提起诉讼的,人民法院应当依法受理。

第三十四条 法律、法规未规定行政复议为提起行政诉讼必经程序,公民、法人或者其他组织既提起诉讼又申请行政复议的,由先受理的机关管辖;同时受理的,由公民、法人或者其他组织选择。公民、法人或者其他组织已经申请行政复议,在法定复议期间内又向人民法院提起诉讼的,人民法院不予受理。

第三十五条 法律、法规未规定行政复议为提起行政诉讼必经程序,公民、法人或者其他组织向复议机关申请行政复议后,又经复议机关同意撤回复议申请,在法定起诉期限内对原具体行政行为提起诉讼的,人民法院应当依法受理。

第三十六条 人民法院裁定准许原告撤诉后,原告以同一事实和理由重新起诉的,人民法院不予受理。

准予撤诉的裁定确有错误,原告申请再审的,人民法院应当通过审判监督程序撤销原准予撤诉的裁定,重新对案件进行审理。

第三十七条 原告或者上诉人未按规定的期限预交案件受理费,又不提出缓交、减交、免交申请,或者提出申请未获批准的,按自动撤诉处理。在按撤诉处理后,原告或者上诉人在法定期限内再次起诉或者上诉,并依法解决诉讼费预交问题的,人民法院应予受理。

第三十八条 人民法院判决撤销行政机关的具体行政行为后,公民、法人或者其他组织对行政机关重新作出的具体行政行为不服向人民法院起诉的,人民法院应当依法受理。

第三十九条 公民、法人或者其他组织申请行政机关履行法定职责,行政机关在接到申请之日起60日内不履行的,公民、法人或者其他组织向人民法院提起诉讼，人民法院应当依法受理。法律、法规、规章和其他规范性文件对行政机关履行职责的期限另有规定的，从其规定。

公民、法人或者其他组织在紧急情况下请求行政机关履行保护其人身权、财产权的法定职责，行政机关不履行的，起诉期间不受前款规定的限制。

第四十条　行政机关作出具体行政行为时，没有制作或者没有送达法律文书，公民、法人或者其他组织不服向人民法院起诉的，只要能证明具体行政行为存在，人民法院应当依法受理。

第四十一条　行政机关作出具体行政行为时，未告知公民、法人或者其他组织诉权或者起诉期限的，起诉期限从公民、法人或者其他组织知道或者应当知道诉权或者起诉期限之日起计算，但从知道或者应当知道具体行政行为内容之日起最长不得超过2年。

复议决定未告知公民、法人或者其他组织诉权或者法定起诉期限的，适用前款规定。

第四十二条　公民、法人或者其他组织不知道行政机关作出的具体行政行为内容的，其起诉期限从知道或者应当知道该具体行政行为内容之日起计算。对涉及不动产的具体行政行为从作出之日起超过20年、其他具体行政行为从作出之日起超过5年提起诉讼的，人民法院不予受理。

第四十三条　由于不属于起诉人自身的原因超过起诉期限的，被耽误的时间不计算在起诉期间内。因人身自由受到限制而不能提起诉讼的，被限制人身自由的时间不计算在起诉期间内。

六、审理与判决

第四十四条　有下列情形之一的，应当裁定不予受理；已经受理的，裁定驳回起诉：

（一）请求事项不属于行政审判权限范围的；

（二）起诉人无原告诉讼主体资格的；

（三）起诉人错列被告且拒绝变更的；

（四）法律规定必须由法定或者指定代理人、代表人为诉讼行为，未由法定或者指定代理人、代表人为诉讼行为的；

（五）由诉讼代理人代为起诉，其代理不符合法定要求的；

（六）起诉超过法定期限且无正当理由的；

（七）法律、法规规定行政复议为提起诉讼必经程序而未申请复议的；

（八）起诉人重复起诉的；

（九）已撤回起诉，无正当理由再行起诉的；

（十）诉讼标的为生效判决的效力所羁束的；

（十一）起诉不具备其他法定要件的。

前款所列情形可以补正或者更正的，人民法院应当指定期间责令补正或者更正；在指定期间已经补正或者更正的，应当依法受理。

第四十五条 起诉状副本送达被告后，原告提出新的诉讼请求的，人民法院不予准许，但有正当理由的除外。

第四十六条 有下列情形之一的，人民法院可以决定合并审理：

（一）两个以上行政机关分别依据不同的法律、法规对同一事实作出具体行政行为，公民、法人或者其他组织不服向同一人民法院起诉的；

（二）行政机关就同一事实对若干公民、法人或者其他组织分别作出具体行政行为，公民、法人或者其他组织不服分别向同一人民法院起诉的；

（三）在诉讼过程中，被告对原告作出新的具体行政行为，原告不服向同一人民法院起诉的；

（四）人民法院认为可以合并审理的其他情形。

第四十七条 当事人申请回避，应当说明理由，在案件开始审理时提出；回避事由在案件开始审理后知道的，应当在法庭辩论终结前提出。

被申请回避的人员，在人民法院作出是否回避的决定前，应当暂停参与本案的工作，但案件需要采取紧急措施的除外。

对当事人提出的回避申请，人民法院应当在 3 日内以口头或者书面形式作出决定。

申请人对驳回回避申请决定不服的，可以向作出决定的人民法院申请复议一次。复议期间，被申请回避的人员不停止参与本案的工作。对申请人的复议申请，人民法院应当在3日内作出复议决定，并通知复议申请人。

第四十八条 人民法院对于因一方当事人的行为或者其他原因，可能使具体行政行为或者人民法院生效裁判不能或者难以执行的案件，可以根据对方当事人的申请作出财产保全的裁定；当事人没有提出申请的，人民法院在必要时也可以依法采取财产保全措施。

人民法院审理起诉行政机关没有依法发给抚恤金、社会保险金、最低生活保障费等案件，可以根据原告的申请，依法书面裁定先予执行。

当事人对财产保全或者先予执行的裁定不服的，可以申请复议。复议期间不停止裁定的执行。

第四十九条 原告或者上诉人经合法传唤，无正当理由拒不到庭或者未经法庭许可中途退庭的，可以按撤诉处理。

原告或者上诉人申请撤诉，人民法院裁定不予准许的，原告或者上诉人经合法传唤无正当理由拒不到庭，或者未经法庭许可而中途退庭的，人民法院可以缺席判决。

第三人经合法传唤无正当理由拒不到庭，或者未经法庭许可中途退庭的，不影响案件的审理。

第五十条 被告在一审期间改变被诉具体行政行为的，应当书面告知人民法院。

原告或者第三人对改变后的行为不服提起诉讼的，人民法院应当就改变后的具体行政行为进行审理。

被告改变原具体行政行为，原告不撤诉，人民法院经审查认为原具体行政行为违法的，应当作出确认其违法的判决；认为原具体行政行为合法的，应当判决驳回原告的诉讼请求。

原告起诉被告不作为，在诉讼中被告作出具体行政行为，原告不撤诉的，参照上述规定处理。

第五十一条 在诉讼过程中，有下列情形之一的，中止诉讼：

（一）原告死亡，须等待其近亲属表明是否参加诉讼的；

（二）原告丧失诉讼行为能力，尚未确定法定代理人的；

（三）作为一方当事人的行政机关、法人或者其他组织终止，尚未确定权利义务承受人的；

（四）一方当事人因不可抗力的事由不能参加诉讼的；

（五）案件涉及法律适用问题，需要送请有权机关作出解释或者确认的；

（六）案件的审判须以相关民事、刑事或者其他行政案件的审理结果为依据，而相关案件尚未审结的；

（七）其他应当中止诉讼的情形。

中止诉讼的原因消除后，恢复诉讼。

第五十二条 在诉讼过程中，有下列情形之一的，终结诉讼：

（一）原告死亡，没有近亲属或者近亲属放弃诉讼权利的；

（二）作为原告的法人或者其他组织终止后，其权利义务的承受人放弃诉讼权利的。

因本解释第五十一条第一款第（一）、（二）、（三）项原因中止诉讼满90日仍无人继续诉讼的，裁定终结诉讼，但有特殊情况的除外。

第五十三条 复议决定维持原具体行政行为的，人民法院判决撤销原具体行政行为，复议决定自然无效。

复议决定改变原具体行政行为错误，人民法院判决撤销复议决定时，应当责令复议机关重新作出复议决定。

第五十四条 人民法院判决被告重新作出具体行政行为，被告重新作出的具体行政行为与原具体行政行为的结果相同，但主要事实或者主要理由有改变的，不属于行政诉讼法第五十五条规定的情形。

人民法院以违反法定程序为由，判决撤销被诉具体行政行为的，行政机关重新作出具体行政行为不受行政诉讼法第五十五条规定的限制。

行政机关以同一事实和理由重新作出与原具体行政行为基本相

同的具体行政行为，人民法院应当根据行政诉讼法第五十四条第（二）项、第五十五条的规定判决撤销或者部分撤销，并根据行政诉讼法第六十五条第三款的规定处理。

第五十五条 人民法院审理行政案件不得加重对原告的处罚，但利害关系人同为原告的除外。

人民法院审理行政案件不得对行政机关未予处罚的人直接给予行政处罚。

第五十六条 有下列情形之一的，人民法院应当判决驳回原告的诉讼请求：

（一）起诉被告不作为理由不能成立的；

（二）被诉具体行政行为合法但存在合理性问题的；

（三）被诉具体行政行为合法，但因法律、政策变化需要变更或者废止的；

（四）其他应当判决驳回诉讼请求的情形。

第五十七条 人民法院认为被诉具体行政行为合法，但不适宜判决维持或者驳回诉讼请求的，可以作出确认其合法或者有效的判决。

有下列情形之一的，人民法院应当作出确认被诉具体行政行为违法或者无效的判决：

（一）被告不履行法定职责，但判决责令其履行法定职责已无实际意义的；

（二）被诉具体行政行为违法，但不具有可撤销内容的；

（三）被诉具体行政行为依法不成立或者无效的。

第五十八条 被诉具体行政行为违法，但撤销该具体行政行为将会给国家利益或者公共利益造成重大损失的，人民法院应当作出确认被诉具体行政行为违法的判决，并责令被诉行政机关采取相应的补救措施；造成损害的，依法判决承担赔偿责任。

第五十九条 根据行政诉讼法第五十四条第（二）项规定判决撤销违法的被诉具体行政行为，将会给国家利益、公共利益或者他人合法权益造成损失的，人民法院在判决撤销的同时，可以分别采取以下方式处理：

（一）判决被告重新作出具体行政行为；

（二）责令被诉行政机关采取相应的补救措施；

（三）向被告和有关机关提出司法建议；

（四）发现违法犯罪行为的，建议有权机关依法处理。

第六十条 人民法院判决被告重新作出具体行政行为，如不及时重新作出具体行政行为，将会给国家利益、公共利益或者当事人利益造成损失的，可以限定重新作出具体行政行为的期限。

人民法院判决被告履行法定职责，应当指定履行的期限，因情况特殊难于确定期限的除外。

第六十一条 被告对平等主体之间民事争议所作的裁决违法，民事争议当事人要求人民法院一并解决相关民事争议的，人民法院可以一并审理。

第六十二条 人民法院审理行政案件，适用最高人民法院司法解释的，应当在裁判文书中援引。

人民法院审理行政案件，可以在裁判文书中引用合法有效的规章及其他规范性文件。

第六十三条 裁定适用于下列范围：

（一）不予受理；

（二）驳回起诉；

（三）管辖异议；

（四）终结诉讼；

（五）中止诉讼；

（六）移送或者指定管辖；

（七）诉讼期间停止具体行政行为的执行或者驳回停止执行的申请；

（八）财产保全；

（九）先予执行；

（十）准许或者不准许撤诉；

（十一）补正裁判文书中的笔误；

（十二）中止或者终结执行；

（十三）提审、指令再审或者发回重审；

（十四）准许或者不准许执行行政机关的具体行政行为；

（十五）其他需要裁定的事项。

对第（一）、（二）、（三）项裁定，当事人可以上诉。

第六十四条 行政诉讼法第五十七条、第六十条规定的审限，是指从立案之日起至裁判宣告之日止的期间。鉴定、处理管辖争议或者异议以及中止诉讼的时间不计算在内。

第六十五条 第一审人民法院作出判决和裁定后，当事人均提起上诉的，上诉各方均为上诉人。

诉讼当事人中的一部分人提出上诉，没有提出上诉的对方当事人为被上诉人，其他当事人依原审诉讼地位列明。

第六十六条 当事人提出上诉，应当按照其他当事人或者诉讼代表人的人数提出上诉状副本。

原审人民法院收到上诉状，应当在5日内将上诉状副本送达其他当事人，对方当事人应当在收到上诉状副本之日起10日内提出答辩状。

原审人民法院应当在收到答辩状之日起5日内将副本送达当事人。

原审人民法院收到上诉状、答辩状，应当在5日内连同全部案卷和证据，报送第二审人民法院。已经预收诉讼费用的，一并报送。

第六十七条 第二审人民法院审理上诉案件，应当对原审人民法院的裁判和被诉具体行政行为是否合法进行全面审查。

当事人对原审人民法院认定的事实有争议的，或者第二审人民法院认为原审人民法院认定事实不清楚的，第二审人民法院应当开庭审理。

第六十八条 第二审人民法院经审理认为原审人民法院不予受理或者驳回起诉的裁定确有错误，且起诉符合法定条件的，应当裁定撤销原审人民法院的裁定，指令原审人民法院依法立案受理或者继续审理。

第六十九条　第二审人民法院裁定发回原审人民法院重新审理的行政案件，原审人民法院应当另行组成合议庭进行审理。

第七十条　第二审人民法院审理上诉案件，需要改变原审判决的，应当同时对被诉具体行政行为作出判决。

第七十一条　原审判决遗漏了必须参加诉讼的当事人或者诉讼请求的，第二审人民法院应当裁定撤销原审判决，发回重审。

原审判决遗漏行政赔偿请求，第二审人民法院经审查认为依法不应当予以赔偿的，应当判决驳回行政赔偿请求。

原审判决遗漏行政赔偿请求，第二审人民法院经审理认为依法应当予以赔偿的，在确认被诉具体行政行为违法的同时，可以就行政赔偿问题进行调解；调解不成的，应当就行政赔偿部分发回重审。

当事人在第二审期间提出行政赔偿请求的，第二审人民法院可以进行调解；调解不成的，应当告知当事人另行起诉。

第七十二条　有下列情形之一的，属于行政诉讼法第六十三条规定的"违反法律、法规规定"：

（一）原判决、裁定认定的事实主要证据不足；

（二）原判决、裁定适用法律、法规确有错误；

（三）违反法定程序，可能影响案件正确裁判；

（四）其他违反法律、法规的情形。

第七十三条　当事人申请再审，应当在判决、裁定发生法律效力后2年内提出。

当事人对已经发生法律效力的行政赔偿调解书，提出证据证明调解违反自愿原则或者调解协议的内容违反法律规定的，可以在2年内申请再审。

第七十四条　人民法院接到当事人的再审申请后，经审查，符合再审条件的，应当立案并及时通知各方当事人；不符合再审条件的，予以驳回。

第七十五条　对人民检察院按照审判监督程序提出抗诉的案件，人民法院应当再审。

人民法院开庭审理抗诉案件时，应当通知人民检察院派员出庭。

第七十六条 人民法院按照审判监督程序再审的案件，发生法律效力的判决、裁定是由第一审人民法院作出的，按照第一审程序审理，所作的判决、裁定，当事人可以上诉；发生法律效力的判决、裁定是由第二审人民法院作出的，按照第二审程序审理，所作的判决、裁定是发生法律效力的判决、裁定；上级人民法院按照审判监督程序提审的，按照第二审程序审理，所作的判决、裁定是发生法律效力的判决、裁定。

人民法院审理再审案件，应当另行组成合议庭。

第七十七条 按照审判监督程序决定再审的案件，应当裁定中止原判决的执行；裁定由院长署名，加盖人民法院印章。

上级人民法院决定提审或者指令下级人民法院再审的，应当作出裁定，裁定应当写明中止原判决的执行；情况紧急的，可以将中止执行的裁定口头通知负责执行的人民法院或者作出生效判决、裁定的人民法院，但应当在口头通知后10日内发出裁定书。

第七十八条 人民法院审理再审案件，认为原生效判决、裁定确有错误，在撤销原生效判决或者裁定的同时，可以对生效判决、裁定的内容作出相应裁判，也可以裁定撤销生效判决或者裁定，发回作出生效判决、裁定的人民法院重新审判。

第七十九条 人民法院审理二审案件和再审案件，对原审法院受理、不予受理或者驳回起诉错误的，应当分别情况作如下处理：

（一）第一审人民法院作出实体判决后，第二审人民法院认为不应当受理的，在撤销第一审人民法院判决的同时，可以发回重审，也可以径行驳回起诉；

（二）第二审人民法院维持第一审人民法院不予受理裁定错误的，再审法院应当撤销第一审、第二审人民法院裁定，指令第一审人民法院受理；

（三）第二审人民法院维持第一审人民法院驳回起诉裁定错误的，再审法院应当撤销第一审、第二审人民法院裁定，指令第一审人民法院审理。

第八十条 人民法院审理再审案件，发现生效裁判有下列情形之一的，应当裁定发回作出生效判决、裁定的人民法院重新审理：

（一）审理本案的审判人员、书记员应当回避而未回避的；

（二）依法应当开庭审理而未经开庭即作出判决的；

（三）未经合法传唤当事人而缺席判决的；

（四）遗漏必须参加诉讼的当事人的；

（五）对与本案有关的诉讼请求未予裁判的；

（六）其他违反法定程序可能影响案件正确裁判的。

第八十一条 再审案件按照第一审程序审理的，适用行政诉讼法第五十七条规定的审理期限。

再审案件按照第二审程序审理的，适用行政诉讼法第六十条规定的审理期限。

第八十二条 基层人民法院申请延长审理期限，应当直接报请高级人民法院批准，同时报中级人民法院备案。

七、执行

第八十三条 对发生法律效力的行政判决书、行政裁定书、行政赔偿判决书和行政赔偿调解书，负有义务的一方当事人拒绝履行的，对方当事人可以依法申请人民法院强制执行。

第八十四条 申请人是公民的，申请执行生效的行政判决书、行政裁定书、行政赔偿判决书和行政赔偿调解书的期限为1年，申请人是行政机关、法人或者其他组织的为180日。

申请执行的期限从法律文书规定的履行期间最后一日起计算；法律文书中没有规定履行期限的，从该法律文书送达当事人之日起计算。

逾期申请的，除有正当理由外，人民法院不予受理。

第八十五条 发生法律效力的行政判决书、行政裁定书、行政赔偿判决书和行政赔偿调解书，由第一审人民法院执行。

第一审人民法院认为情况特殊需要由第二审人民法院执行的，可以报请第二审人民法院执行；第二审人民法院可以决定由其执行，也可以决定由第一审人民法院执行。

第八十六条 行政机关根据行政诉讼法第六十六条的规定申请

执行其具体行政行为，应当具备以下条件：

（一）具体行政行为依法可以由人民法院执行；

（二）具体行政行为已经生效并具有可执行内容；

（三）申请人是作出该具体行政行为的行政机关或者法律、法规、规章授权的组织；

（四）被申请人是该具体行政行为所确定的义务人；

（五）被申请人在具体行政行为确定的期限内或者行政机关另行指定的期限内未履行义务；

（六）申请人在法定期限内提出申请；

（七）被申请执行的行政案件属于受理申请执行的人民法院管辖。

人民法院对符合条件的申请，应当立案受理，并通知申请人；对不符合条件的申请，应当裁定不予受理。

第八十七条 法律、法规没有赋予行政机关强制执行权，行政机关申请人民法院强制执行的，人民法院应当依法受理。

法律、法规规定既可以由行政机关依法强制执行，也可以申请人民法院强制执行，行政机关申请人民法院强制执行的，人民法院可以依法受理。

第八十八条 行政机关申请人民法院强制执行其具体行政行为，应当自被执行人的法定起诉期限届满之日起180日内提出。逾期申请的，除有正当理由外，人民法院不予受理。

第八十九条 行政机关申请人民法院强制执行其具体行政行为的，由申请人所在地的基层人民法院受理；执行对象为不动产的，由不动产所在地的基层人民法院受理。

基层人民法院认为执行确有困难的，可以报请上级人民法院执行；上级人民法院可以决定由其执行，也可以决定由下级人民法院执行。

第九十条 行政机关根据法律的授权对平等主体之间民事争议作出裁决后，当事人在法定期限内不起诉又不履行，作出裁决的行政机关在申请执行的期限内未申请人民法院强制执行的，生效具体行政行为确定的权利人或者其继承人、权利承受人在90日内可以申请人民法院强制执行。

享有权利的公民、法人或者其他组织申请人民法院强制执行具体行政行为，参照行政机关申请人民法院强制执行具体行政行为的规定。

第九十一条　行政机关申请人民法院强制执行其具体行政行为，应当提交申请执行书、据以执行的行政法律文书、证明该具体行政为合法的材料和被执行人财产状况以及其他必须提交的材料。

享有权利的公民、法人或者其他组织申请人民法院强制执行的，人民法院应当向作出裁决的行政机关调取有关材料。

第九十二条　行政机关或者具体行政行为确定的权利人申请人民法院强制执行前，有充分理由认为被执行人可能逃避执行的，可以申请人民法院采取财产保全措施。后者申请强制执行的，应当提供相应的财产担保。

第九十三条　人民法院受理行政机关申请执行其具体行政行为的案件后，应当在30日内由行政审判庭组成合议庭对具体行政行为的合法性进行审查，并就是否准予强制执行作出裁定；需要采取强制执行措施的，由本院负责强制执行非诉行政行为的机构执行。

第九十四条　在诉讼过程中，被告或者具体行政行为确定的权利人申请人民法院强制执行被诉具体行政行为，人民法院不予执行，但不及时执行可能给国家利益、公共利益或者他人合法权益造成不可弥补的损失的，人民法院可以先予执行。后者申请强制执行的，应当提供相应的财产担保。

第九十五条　被申请执行的具体行政行为有下列情形之一的，人民法院应当裁定不准予执行：

（一）明显缺乏事实根据的；

（二）明显缺乏法律依据的；

（三）其他明显违法并损害被执行人合法权益的。

第九十六条　行政机关拒绝履行人民法院生效判决、裁定的，人民法院可以依照行政诉讼法第六十五条第三款的规定处理，并可以参照民事诉讼法第一百零二条的有关规定,对主要负责人或者直接责任人员予以罚款处罚。

八、其他

第九十七条 人民法院审理行政案件,除依照行政诉讼法和本解释外,可以参照民事诉讼的有关规定。

第九十八条 本解释自发布之日起施行,最高人民法院《关于贯彻执行〈中华人民共和国行政诉讼法〉若干问题的意见(试行)》同时废止;最高人民法院以前所作的司法解释以及与有关机关联合发布的规范性文件,凡与本解释不一致的,按本解释执行。

附件七 《最高人民法院关于行政诉讼证据若干问题的规定》

（法释〔2002〕21号）

为准确认定案件事实，公正、及时地审理行政案件，根据《中华人民共和国行政诉讼法》（以下简称行政诉讼法）等有关法律规定，结合行政审判实际，制定本规定。

一、举证责任分配和期限

第一条 根据行政诉讼法第三十二条和第四十三条的规定，被告对作出的具体行政行为负有举证责任，应当在收到起诉状副本之日起十日内，提供据以作出被诉具体行政行为的全部证据和所依据的规范性文件。被告不提供或者无正当理由逾期提供证据的，视为被诉具体行政行为没有相应的证据。

被告因不可抗力或者客观上不能控制的其他正当事由，不能在前款规定的期限内提供证据的，应当在收到起诉状副本之日起十日内向人民法院提出延期提供证据的书面申请。人民法院准许延期提供的，被告应当在正当事由消除后十日内提供证据。逾期提供的，视为被诉具体行政行为没有相应的证据。

第二条 原告或者第三人提出其在行政程序中没有提出的反驳理由或者证据的，经人民法院准许，被告可以在第一审程序中补充相应的证据。

第三条 根据行政诉讼法第三十三条的规定，在诉讼过程中，被告及其诉讼代理人不得自行向原告和证人收集证据。

第四条 公民、法人或者其他组织向人民法院起诉时，应当提供其符合起诉条件的相应的证据材料。

在起诉被告不作为的案件中，原告应当提供其在行政程序中曾经提出申请的证据材料。但有下列情形的除外：

（一）被告应当依职权主动履行法定职责的；

（二）原告因被告受理申请的登记制度不完备等正当事由不能提供相关证据材料并能够作出合理说明的。

被告认为原告起诉超过法定期限的，由被告承担举证责任。

第五条 在行政赔偿诉讼中，原告应当对被诉具体行政行为造成损害的事实提供证据。

第六条 原告可以提供证明被诉具体行政行为违法的证据。原告提供的证据不成立的，不免除被告对被诉具体行政行为合法性的举证责任。

第七条 原告或者第三人应当在开庭审理前或者人民法院指定的交换证据之日提供证据。因正当事由申请延期提供证据的，经人民法院准许，可以在法庭调查中提供。逾期提供证据的，视为放弃举证权利。

原告或者第三人在第一审程序中无正当事由未提供而在第二审程序中提供的证据，人民法院不予接纳。

第八条 人民法院向当事人送达受理案件通知书或者应诉通知书时，应当告知其举证范围、举证期限和逾期提供证据的法律后果，并告知因正当事由不能按期提供证据时应当提出延期提供证据的申请。

第九条 根据行政诉讼法第三十四条第一款的规定，人民法院有权要求当事人提供或者补充证据。

对当事人无争议，但涉及国家利益、公共利益或者他人合法权益的事实，人民法院可以责令当事人提供或者补充有关证据。

二、提供证据的要求

第十条 根据行政诉讼法第三十一条第一款第（一）项的规定，当事人向人民法院提供书证的，应当符合下列要求：

（一）提供书证的原件，原本、正本和副本均属于书证的原件。提供原件确有困难的，可以提供与原件核对无误的复印件、照片、节录本；

（二）提供由有关部门保管的书证原件的复制件、影印件或者抄

录件的,应当注明出处,经该部门核对无异后加盖其印章;

(三)提供报表、图纸、会计账册、专业技术资料、科技文献等书证的,应当附有说明材料;

(四)被告提供的被诉具体行政行为所依据的询问、陈述、谈话类笔录,应当有行政执法人员、被询问人、陈述人、谈话人签名或者盖章。

法律、法规、司法解释和规章对书证的制作形式另有规定的,从其规定。

第十一条 根据行政诉讼法第三十一条第一款第(二)项的规定,当事人向人民法院提供物证的,应当符合下列要求:

(一)提供原物。提供原物确有困难的,可以提供与原物核对无误的复制件或者证明该物证的照片、录像等其他证据;

(二)原物为数量较多的种类物的,提供其中的一部分。

第十二条 根据行政诉讼法第三十一条第一款第(三)项的规定,当事人向人民法院提供计算机数据或者录音、录像等视听资料的,应当符合下列要求:

(一)提供有关资料的原始载体。提供原始载体确有困难的,可以提供复制件;

(二)注明制作方法、制作时间、制作人和证明对象等;

(三)声音资料应当附有该声音内容的文字记录。

第十三条 根据行政诉讼法第三十一条第一款第(四)项的规定,当事人向人民法院提供证人证言的,应当符合下列要求:

(一)写明证人的姓名、年龄、性别、职业、住址等基本情况;

(二)有证人的签名,不能签名的,应当以盖章等方式证明;

(三)注明出具日期;

(四)附有居民身份证复印件等证明证人身份的文件。

第十四条 根据行政诉讼法第三十一条第一款第(六)项的规定,被告向人民法院提供的在行政程序中采用的鉴定结论,应当载明委托人和委托鉴定的事项、向鉴定部门提交的相关材料、鉴定的依据和使用的科学技术手段、鉴定部门和鉴定人鉴定资格的说明,并应有鉴定人的签名和鉴定部门的盖章。通过分析获得的鉴定结论，应当说明分析过程。

第十五条　根据行政诉讼法第三十一条第一款第（七）项的规定，被告向人民法院提供的现场笔录，应当载明时间、地点和事件等内容，并由执法人员和当事人签名。当事人拒绝签名或者不能签名的，应当注明原因。有其他人在现场的，可由其他人签名。法律、法规和规章对现场笔录的制作形式另有规定的，从其规定。

第十六条　当事人向人民法院提供的在中华人民共和国领域外形成的证据，应当说明来源，经所在国公证机关证明，并经中华人民共和国驻该国使领馆认证，或者履行中华人民共和国与证据所在国订立的有关条约中规定的证明手续。

当事人提供的在中华人民共和国香港特别行政区、澳门特别行政区和台湾地区内形成的证据，应当具有按照有关规定办理的证明手续。

第十七条　当事人向人民法院提供外文书证或者外国语视听资料的，应当附有由具有翻译资质的机构翻译的或者其他翻译准确的中文译本，由翻译机构盖章或者翻译人员签名。

第十八条　证据涉及国家秘密、商业秘密或者个人隐私的，提供人应当作出明确标注，并向法庭说明，法庭予以审查确认。

第十九条　当事人应当对其提交的证据材料分类编号，对证据材料的来源、证明对象和内容作简要说明，签名或者盖章，注明提交日期。

第二十条　人民法院收到当事人提交的证据材料，应当出具收据，注明证据的名称、份数、页数、件数、种类等以及收到的时间，由经办人员签名或者盖章。

第二十一条　对于案情比较复杂或者证据数量较多的案件，人民法院可以组织当事人在开庭前向对方出示或者交换证据，并将交换证据的情况记录在卷。

三、调取和保全证据

第二十二条　根据行政诉讼法第三十四条第二款的规定，有下列情形之一的，人民法院有权向有关行政机关以及其他组织、公民调取证据：

（一）涉及国家利益、公共利益或者他人合法权益的事实认定的；

（二）涉及依职权追加当事人、中止诉讼、终结诉讼、回避等程序性事项的。

第二十三条 原告或者第三人不能自行收集，但能够提供确切线索的，可以申请人民法院调取下列证据材料：

（一）由国家有关部门保存而须由人民法院调取的证据材料；

（二）涉及国家秘密、商业秘密、个人隐私的证据材料；

（三）确因客观原因不能自行收集的其他证据材料。

人民法院不得为证明被诉具体行政行为的合法性，调取被告在作出具体行政行为时未收集的证据。

第二十四条 当事人申请人民法院调取证据的，应当在举证期限内提交调取证据申请书。

调取证据申请书应当写明下列内容：

（一）证据持有人的姓名或者名称、住址等基本情况；

（二）拟调取证据的内容；

（三）申请调取证据的原因及其要证明的案件事实。

第二十五条 人民法院对当事人调取证据的申请，经审查符合调取证据条件的，应当及时决定调取；不符合调取证据条件的，应当向当事人或者其诉讼代理人送达通知书，说明不准许调取的理由。当事人及其诉讼代理人可以在收到通知书之日起三日内向受理申请的人民法院书面申请复议一次。

人民法院应当在收到复议申请之日起五日内作出答复。人民法院根据当事人申请，经调取未能取得相应证据的，应当告知申请人并说明原因。

第二十六条 人民法院需要调取的证据在异地的，可以书面委托证据所在地人民法院调取。受托人民法院应当在收到委托书后，按照委托要求及时完成调取证据工作，送交委托人民法院。受托人民法院不能完成委托内容的，应当告知委托的人民法院并说明原因。

第二十七条 当事人根据行政诉讼法第三十六条的规定向人民法院申请保全证据的，应当在举证期限届满前以书面形式提出，并说明证据的名称和地点、保全的内容和范围、申请保全的理由等事项。

当事人申请保全证据的，人民法院可以要求其提供相应的担保。

法律、司法解释规定诉前保全证据的，依照其规定办理。

第二十八条 人民法院依照行政诉讼法第三十六条规定保全证据的，可以根据具体情况，采取查封、扣押、拍照、录音、录像、复制、鉴定、勘验、制作询问笔录等保全措施。

人民法院保全证据时，可以要求当事人或者其诉讼代理人到场。

第二十九条 原告或者第三人有证据或者有正当理由表明被告据以认定案件事实的鉴定结论可能有错误，在举证期限内书面申请重新鉴定的，人民法院应予准许。

第三十条 当事人对人民法院委托的鉴定部门作出的鉴定结论有异议申请重新鉴定，提出证据证明存在下列情形之一的，人民法院应予准许：

（一）鉴定部门或者鉴定人不具有相应的鉴定资格的；

（二）鉴定程序严重违法的；

（三）鉴定结论明显依据不足的；

（四）经过质证不能作为证据使用的其他情形。

对有缺陷的鉴定结论，可以通过补充鉴定、重新质证或者补充质证等方式解决。

第三十一条 对需要鉴定的事项负有举证责任的当事人，在举证期限内无正当理由不提出鉴定申请、不预交鉴定费用或者拒不提供相关材料，致使对案件争议的事实无法通过鉴定结论予以认定的，应当对该事实承担举证不能的法律后果。

第三十二条 人民法院对委托或者指定的鉴定部门出具的鉴定书，应当审查是否具有下列内容：

（一）鉴定的内容；

（二）鉴定时提交的相关材料；

（三）鉴定的依据和使用的科学技术手段；

（四）鉴定的过程；

（五）明确的鉴定结论；

（六）鉴定部门和鉴定人鉴定资格的说明；

（七）鉴定人及鉴定部门签名盖章。

前款内容欠缺或者鉴定结论不明确的，人民法院可以要求鉴定部门予以说明、补充鉴定或者重新鉴定。

第三十三条 人民法院可以依当事人申请或者依职权勘验现场。

勘验现场时，勘验人必须出示人民法院的证件，并邀请当地基层组织或者当事人所在单位派人参加。当事人或其成年亲属应当到场，拒不到场的，不影响勘验的进行，但应当在勘验笔录中说明情况。

第三十四条 审判人员应当制作勘验笔录，记载勘验的时间、地点、勘验人、在场人、勘验的经过和结果，由勘验人、当事人、在场人签名。

勘验现场时绘制的现场图，应当注明绘制的时间、方位、绘制人姓名和身份等内容。

当事人对勘验结论有异议的，可以在举证期限内申请重新勘验，是否准许由人民法院决定。

四、证据的对质辨认和核实

第三十五条 证据应当在法庭上出示，并经庭审质证。未经庭审质证的证据，不能作为定案的依据。

当事人在庭前证据交换过程中没有争议并记录在卷的证据，经审判人员在庭审中说明后，可以作为认定案件事实的依据。

第三十六条 经合法传唤，因被告无正当理由拒不到庭而需要依法缺席判决的，被告提供的证据不能作为定案的依据，但当事人在庭前交换证据中没有争议的证据除外。

第三十七条 涉及国家秘密、商业秘密和个人隐私或者法律规定的其他应当保密的证据，不得在开庭时公开质证。

第三十八条 当事人申请人民法院调取的证据，由申请调取证据的当事人在庭审中出示，并由当事人质证。

人民法院依职权调取的证据,由法庭出示,并可就调取该证据的情况进行说明,听取当事人意见。

第三十九条 当事人应当围绕证据的关联性、合法性和真实性,针对证据有无证明效力以及证明效力大小,进行质证。

经法庭准许,当事人及其代理人可以就证据问题相互发问,也可以向证人、鉴定人或者勘验人发问。

当事人及其代理人相互发问,或者向证人、鉴定人、勘验人发问时,发问的内容应当与案件事实有关联,不得采用引诱、威胁、侮辱等语言或者方式。

第四十条 对书证、物证和视听资料进行质证时,当事人应当出示证据的原件或者原物。但有下列情况之一的除外:

(一)出示原件或者原物确有困难并经法庭准许可以出示复制件或者复制品;

(二)原件或者原物已不存在,可以出示证明复制件、复制品与原件、原物一致的其他证据。

视听资料应当当庭播放或者显示,并由当事人进行质证。

第四十一条 凡是知道案件事实的人,都有出庭作证的义务。有下列情形之一的,经人民法院准许,当事人可以提交书面证言:

(一)当事人在行政程序或者庭前证据交换中对证人证言无异议的;

(二)证人因年迈体弱或者行动不便无法出庭的;

(三)证人因路途遥远、交通不便无法出庭的;

(四)证人因自然灾害等不可抗力或者其他意外事件无法出庭的;

(五)证人因其他特殊原因确实无法出庭的。

第四十二条 不能正确表达意志的人不能作证。

根据当事人申请,人民法院可以就证人能否正确表达意志进行审查或者交由有关部门鉴定。必要时,人民法院也可以依职权交由有关部门鉴定。

第四十三条 当事人申请证人出庭作证的,应当在举证期限届满前提出，并经人民法院许可。人民法院准许证人出庭作证的，应当在开庭审理前通知证人出庭作证。

当事人在庭审过程中要求证人出庭作证的，法庭可以根据审理案件的具体情况，决定是否准许以及是否延期审理。

第四十四条 有下列情形之一，原告或者第三人可以要求相关行政执法人员作为证人出庭作证：

（一）对现场笔录的合法性或者真实性有异议的；

（二）对扣押财产的品种或者数量有异议的；

（三）对检验的物品取样或者保管有异议的；

（四）对行政执法人员的身份的合法性有异议的；

（五）需要出庭作证的其他情形。

第四十五条 证人出庭作证时，应当出示证明其身份的证件。法庭应当告知其诚实作证的法律义务和作伪证的法律责任。

出庭作证的证人不得旁听案件的审理。法庭询问证人时，其他证人不得在场，但组织证人对质的除外。

第四十六条 证人应当陈述其亲历的具体事实。证人根据其经历所作的判断、推测或者评论，不能作为定案的依据。

第四十七条 当事人要求鉴定人出庭接受询问的，鉴定人应当出庭。鉴定人因正当事由不能出庭的，经法庭准许，可以不出庭，由当事人对其书面鉴定结论进行质证。

鉴定人不能出庭的正当事由，参照本规定第四十一条的规定。

对于出庭接受询问的鉴定人，法庭应当核实其身份、与当事人及案件的关系，并告知鉴定人如实说明鉴定情况的法律义务和故意作虚假说明的法律责任。

第四十八条 对被诉具体行政行为涉及的专门性问题，当事人可以向法庭申请由专业人员出庭进行说明，法庭也可以通知专业人员出庭说明。必要时，法庭可以组织专业人员进行对质。

当事人对出庭的专业人员是否具备相应专业知识、学历、资历等专业资格等有异议的，可以进行询问。由法庭决定其是否可以作为专业人员出庭。

专业人员可以对鉴定人进行询问。

第四十九条 法庭在质证过程中，对与案件没有关联的证据材料，应予排除并说明理由。

法庭在质证过程中，准许当事人补充证据的，对补充的证据仍应进行质证。

法庭对经过庭审质证的证据，除确有必要外，一般不再进行质证。

第五十条 在第二审程序中，对当事人依法提供的新的证据，法庭应当进行质证；当事人对第一审认定的证据仍有争议的，法庭也应当进行质证。

第五十一条 按照审判监督程序审理的案件，对当事人依法提供的新的证据，法庭应当进行质证；因原判决、裁定认定事实的证据不足而提起再审所涉及的主要证据，法庭也应当进行质证。

第五十二条 本规定第五十条和第五十一条中的"新的证据"是指以下证据：

（一）在一审程序中应当准予延期提供而未获准许的证据；

（二）当事人在一审程序中依法申请调取而未获准许或者未取得，人民法院在第二审程序中调取的证据；

（三）原告或者第三人提供的在举证期限届满后发现的证据。

五、证据的审核认定

第五十三条 人民法院裁判行政案件，应当以证据证明的案件事实为依据。

第五十四条 法庭应当对经过庭审质证的证据和无需质证的证据进行逐一审查和对全部证据综合审查，遵循法官职业道德，运用逻辑推理和生活经验，进行全面、客观和公正地分析判断，确定证据材料与案件事实之间的证明关系，排除不具有关联性的证据材料，准确认定案件事实。

第五十五条 法庭应当根据案件的具体情况，从以下方面审查证据的合法性：

（一）证据是否符合法定形式；

（二）证据的取得是否符合法律、法规、司法解释和规章的要求；

（三）是否有影响证据效力的其他违法情形。

第五十六条 法庭应当根据案件的具体情况，从以下方面审查证据的真实性：

（一）证据形成的原因；

（二）发现证据时的客观环境；

（三）证据是否为原件、原物，复制件、复制品与原件、原物是否相符；

（四）提供证据的人或者证人与当事人是否具有利害关系；

（五）影响证据真实性的其他因素。

第五十七条 下列证据材料不能作为定案依据：

（一）严重违反法定程序收集的证据材料；

（二）以偷拍、偷录、窃听等手段获取侵害他人合法权益的证据材料；

（三）以利诱、欺诈、胁迫、暴力等不正当手段获取的证据材料；

（四）当事人无正当事由超出举证期限提供的证据材料；

（五）在中华人民共和国领域以外或者在中华人民共和国香港特别行政区、澳门特别行政区和台湾地区形成的未办理法定证明手续的证据材料；

（六）当事人无正当理由拒不提供原件、原物，又无其他证据印证，且对方当事人不予认可的证据的复制件或者复制品；

（七）被当事人或者他人进行技术处理而无法辨明真伪的证据材料；

（八）不能正确表达意志的证人提供的证言；

（九）不具备合法性和真实性的其他证据材料。

第五十八条 以违反法律禁止性规定或者侵犯他人合法权益的方法取得的证据，不能作为认定案件事实的依据。

第五十九条　被告在行政程序中依照法定程序要求原告提供证据，原告依法应当提供而拒不提供，在诉讼程序中提供的证据，人民法院一般不予采纳。

第六十条　下列证据不能作为认定被诉具体行政行为合法的依据：

（一）被告及其诉讼代理人在作出具体行政行为后或者在诉讼程序中自行收集的证据；

（二）被告在行政程序中非法剥夺公民、法人或者其他组织依法享有的陈述、申辩或者听证权利所采用的证据；

（三）原告或者第三人在诉讼程序中提供的、被告在行政程序中未作为具体行政行为依据的证据。

第六十一条　复议机关在复议程序中收集和补充的证据，或者作出原具体行政行为的行政机关在复议程序中未向复议机关提交的证据，不能作为人民法院认定原具体行政行为合法的依据。

第六十二条　对被告在行政程序中采纳的鉴定结论，原告或者第三人提出证据证明有下列情形之一的，人民法院不予采纳：

（一）鉴定人不具备鉴定资格；

（二）鉴定程序严重违法；

（三）鉴定结论错误、不明确或者内容不完整。

第六十三条　证明同一事实的数个证据，其证明效力一般可以按照下列情形分别认定：

（一）国家机关以及其他职能部门依职权制作的公文文书优于其他书证；

（二）鉴定结论、现场笔录、勘验笔录、档案材料以及经过公证或者登记的书证优于其他书证、视听资料和证人证言；

（三）原件、原物优于复制件、复制品；

（四）法定鉴定部门的鉴定结论优于其他鉴定部门的鉴定结论；

（五）法庭主持勘验所制作的勘验笔录优于其他部门主持勘验所制作的勘验笔录；

（六）原始证据优于传来证据；

（七）其他证人证言优于与当事人有亲属关系或者其他密切关系的证人提供的对该当事人有利的证言；

（八）出庭作证的证人证言优于未出庭作证的证人证言；

（九）数个种类不同、内容一致的证据优于一个孤立的证据。

第六十四条 以有形载体固定或者显示的电子数据交换、电子邮件以及其他数据资料，其制作情况和真实性经对方当事人确认，或者以公证等其他有效方式予以证明的，与原件具有同等的证明效力。

第六十五条 在庭审中一方当事人或者其代理人在代理权限范围内对另一方当事人陈述的案件事实明确表示认可的，人民法院可以对该事实予以认定。但有相反证据足以推翻的除外。

第六十六条 在行政赔偿诉讼中，人民法院主持调解时当事人为达成调解协议而对案件事实的认可，不得在其后的诉讼中作为对其不利的证据。

第六十七条 在不受外力影响的情况下，一方当事人提供的证据，对方当事人明确表示认可的，可以认定该证据的证明效力；对方当事人予以否认，但不能提供充分的证据进行反驳的，可以综合全案情况审查认定该证据的证明效力。

第六十八条 下列事实法庭可以直接认定：

（一）众所周知的事实；

（二）自然规律及定理；

（三）按照法律规定推定的事实；

（四）已经依法证明的事实；

（五）根据日常生活经验法则推定的事实。

前款（一）、（三）、（四）、（五）项，当事人有相反证据足以推翻的除外。

第六十九条 原告确有证据证明被告持有的证据对原告有利，被告无正当事由拒不提供的，可以推定原告的主张成立。

第七十条 生效的人民法院裁判文书或者仲裁机构裁决文书确认的事实，可以作为定案依据。但是如果发现裁判文书或者裁决文书认定的事实有重大问题的，应当中止诉讼，通过法定程序予以纠正后恢复诉讼。

第七十一条 下列证据不能单独作为定案依据：

（一）未成年人所作的与其年龄和智力状况不相适应的证言；

（二）与一方当事人有亲属关系或者其他密切关系的证人所作的对该当事人有利的证言，或者与一方当事人有不利关系的证人所作的对该当事人不利的证言；

（三）应当出庭作证而无正当理由不出庭作证的证人证言；

（四）难以识别是否经过修改的视听资料；

（五）无法与原件、原物核对的复制件或者复制品；

（六）经一方当事人或者他人改动，对方当事人不予认可的证据材料；

（七）其他不能单独作为定案依据的证据材料。

第七十二条 庭审中经过质证的证据，能够当庭认定的，应当当庭认定；不能当庭认定的，应当在合议庭合议时认定。

人民法院应当在裁判文书中阐明证据是否采纳的理由。

第七十三条 法庭发现当庭认定的证据有误，可以按照下列方式纠正：

（一）庭审结束前发现错误的，应当重新进行认定；

（二）庭审结束后宣判前发现错误的，在裁判文书中予以更正并说明理由，也可以再次开庭予以认定；

（三）有新的证据材料可能推翻已认定的证据的，应当再次开庭予以认定。

六、附则

第七十四条 证人、鉴定人及其近亲属的人身和财产安全受法律保护。

人民法院应当对证人、鉴定人的住址和联系方式予以保密。

第七十五条 证人、鉴定人因出庭作证或者接受询问而支出的合理费用，由提供证人、鉴定人的一方当事人先行支付，由败诉一方当事人承担。

第七十六条 证人、鉴定人作伪证的，依照行政诉讼法第四十九条第一款第（二）项的规定追究其法律责任。

第七十七条 诉讼参与人或者其他人有对审判人员或者证人、鉴定人、勘验人及其近亲属实施威胁、侮辱、殴打、骚扰或者打击报复等妨碍行政诉讼行为的，依照行政诉讼法第四十九条第一款第（三）项、第（五）项或者第（六）项的规定追究其法律责任。

第七十八条 对应当协助调取证据的单位和个人，无正当理由拒不履行协助义务的，依照行政诉讼法第四十九条第一款第（五）项的规定追究其法律责任。

第七十九条 本院以前有关行政诉讼的司法解释与本规定不一致的，以本规定为准。

第八十条 本规定自 2002 年 10 月 1 日起施行。2002 年 10 月 1 日尚未审结的一审、二审和再审行政案件不适用本规定。

本规定施行前已经审结的行政案件，当事人以违反本规定为由申请再审的，人民法院不予支持。

本规定施行后按照审判监督程序决定再审的行政案件，适用本规定。

附件八 《最高人民法院关于适用〈关于民事诉讼证据的若干规定〉中有关举证时限规定的通知》

（法发〔2008〕42号）

全国地方各级人民法院、各级军事法院、各铁路运输中级法院和基层法院、各海事法院，新疆生产建设兵团各级法院：

最高人民法院《关于民事诉讼证据的若干规定》（以下简称《证据规定》）自2002年4月1日施行以来，对于指导和规范人民法院的审判活动，提高诉讼当事人的证据意识，促进民事审判活动公正有充地开展，起到了积极的作用。但随着新情况、新问题的出现，一些地方对《证据规定》中的个别条款，特别是有关举证时限的规定理解不统一。为切实保障当事人诉讼权利的已分行合，保障人民法院公正高效行使审判权，现将适用《证据规定》中举证时限规定等有关问题通知如下：

一、关于第三十三条第三款规定的举证期限问题。《证据规定》第三十三条第三款规定的举证期限是指在适用一审普通程序审理民事案件时，人民法院指定当事人提供证据证明其主张的基础事实的期限，该期限不得少于三十日。但是人民法院在征得双方当事人同意后，指定的举证期限可以少于三十日。前述规定的举证期限届满后，针对某一特定事实或特定证据或者基于特定原因，人民法院可以根据案件的具体情况，酌情指定当事人提供证据或者反证的期限，该期限不受"不得少于三十日"的限制。

二、关于适用简易程序审理案件的举证期限问题。适用简易程序审理的案件，人民法院指定的举证期限不受《证据规定》第三十三条第三款规定的限制，可以少于三十日。简易程序转为普通程序审理，人民法院指定的举证期限少于三十日的，人民法院应当为当事人补足不少于三十日的举证期限。但在征得当事人同意后，人民法院指定的举证期限可以少于三十日。

三、关于当事人提出管辖权异议后的举证期限问题。当事人在一审答辩期内提出管辖权异议的,人民法院应当在驳回当事人管辖权异议的裁定生效后,依照《证据规定》第三十三条第三款的规定,重新指定不少于三十日的举证期限。但在征得当事人同意后,人民法院可以指定少于三十日的举证期限。

四、关于对人民法院依职权调查收集的证据提出相反证据的举证期限问题。人民法院依照《证据规定》第十五条调查收集的证据在庭审中出示后,当事人要求提供相反证据的,人民法院可以酌情确定相应的举证期限。

五、关于增加当事人时的举证期限问题。人民法院在追加当事人或者有独立请求权的第三人参加诉讼的情况下,应当依照《证据规定》第三十三条第三款的规定,为新参加诉讼的当事人指定举证期限。该举证期限适用于其他当事人。

六、关于当事人申请延长举证期限的问题。当事人申请延长举证期限经人民法院准许的,为平等保护双方当事人的诉讼权利,延长的举证期限适用于其他当事人。

七、关于增加、变更诉讼请求以及提出反诉时的举证期限问题。当事人在一审举证期限内增加、变更诉讼请求或者提出反诉,或者人民法院依照《证据规定》第三十五条的规定告知当事人可以变更诉讼请求后,当事人变更诉讼请求的,人民法院应当根据案件的具体情况重新指定举证期限。当事人对举证期限有约定的,依照《证据规定》第三十三条第二款的规定处理。

八、关于二审新的证据举证期限的问题。在第二审人民法院审理中,当事人申请提供新的证据的,人民法院指定的举证期限,不受"不得少于三十日"的限制。

九、关于发回重审案件举证期限问题。发回重审的案件,第一审人民法院在重新审理时,可以结合案件的具体情况和发回重审的原因等情况,酌情确定举证期限。如果案件是因违反法定程序被发回重审的,人民法院在征求当事人的意见后,可以不再指定举证期限或者酌情指定举证期限。但案件因遗漏当事人被发回重审的,按照本通知

第五条处理。如果案件是因认定事实不清、证据不足发回重审的，人民法院可以要求当事人协商确定举证期限，或者酌情指定举证期限。上述举证期限不受"不得少于三十日"的限制。

十、关于新的证据的认定问题。人民法院对于"新的证据"，应当依照《证据规定》第四十一条、第四十二条、第四十三条、第四十四条的规定，结合以下因素综合认定：

（一）证据是否在举证期限或者《证据规定》第四十一条、第四十四条规定的其他期限内已经客观存在；

（二）当事人未在举证期限或者司法解释规定的其他期限内提供证据，是否存在故意或者重大过失的情形。

中华人民共和国最高人民法院